常熟高新区（东南街道）年鉴

CHANGSHU GAOXINQU (DONGNAN JIEDAO) NIANJIAN

2021

常熟高新区（东南街道）年鉴编纂委员会 编

古吴轩出版社

图书在版编目（CIP）数据

常熟高新区（东南街道）年鉴. 2021 / 常熟高新区（东南街道）年鉴编纂委员会编. -- 苏州：古吴轩出版社，2022.5
ISBN 978-7-5546-1947-6

Ⅰ.①常… Ⅱ.①常… Ⅲ.①高技术产业区—常熟—2021—年鉴 Ⅳ.①F127.535-54

中国版本图书馆CIP数据核字（2022）第085569号

责任编辑：李爱华
装帧设计：长 岛
责任校对：任佳佳

书 名：常熟高新区（东南街道）年鉴（2021）
编 者：常熟高新区（东南街道）年鉴编纂委员会
出版发行：古吴轩出版社
地址：苏州市八达街118号苏州新闻大厦30F
电话：0512-65233679 邮编：215123
印 刷：苏州市越洋印刷有限公司
开 本：787×1092 1/16
印 张：17.375
字 数：343千字
版 次：2022年5月第1版 第1次印刷
书 号：ISBN 978-7-5546-1947-6
定 价：98.00元

常熟高新区（东南街道）年鉴编纂委员会

主　　　任：王建国

常务副主任：芮卫国

副　主　任：王晓东　张宁江　王奇峰　沈建平　顾志强
蒋向阳　玛依拉·吾斯曼

成　　　员：毛雨东　俞　敬　张国庆　陶传龙　沈　阳
张　健　李军良　钱晓东　高向军　王　翼
王　维　李　梅

《常熟高新区（东南街道）年鉴（2021）》编辑部

主　　编：张宁江

副 主 编：毛雨东　王　维

编　　辑：祝慧江　彭尚炯　陈炯明

编　　务：张亚明　俞晓燕

资　　料：汪新月　祝嘉宇

《常熟高新区（东南街道）年鉴（2021）》审定单位

中共常熟高新技术产业开发区工作委员会

常熟高新技术产业开发区管理委员会

中共常熟市东南街道工作委员会

常熟市人民政府东南街道办事处

常熟市地方志编纂委员会办公室

编辑说明

一、《常熟高新区（东南街道）年鉴（2021）》由中共常熟高新技术产业开发区工作委员会、常熟高新技术产业开发区管理委员会、中共常熟市东南街道工作委员会、常熟市人民政府东南街道办事处主办，常熟高新区（东南街道）年鉴编纂委员会编纂，是常熟高新区（东南街道）的第一部年鉴。

二、本部年鉴以马克思列宁主义、毛泽东思想、邓小平理论、“三个代表”重要思想、科学发展观、习近平新时代中国特色社会主义思想为指导，坚持辩证唯物主义立场、观点和方法，客观、全面地记载常熟高新区（东南街道）2020年推进政治、经济、文化、社会、生态等方面建设的工作和发展成就。

三、本部年鉴记载的事实，发生时间自2020年1月1日至2020年12月31日，根据具体情况，部分内容适当上溯或下延。

四、本部年鉴采用分类编写法。全书设24个类目，111个分目，578个条目，有随文照片71幅、表格11张，卷首配照片21幅、地图2幅，设“特载”“大事记”和“附录”。不同层次的标题，以字体、字号和版式设计加以区别，条目标题加【 】表示。“综述”概括本类目的主要或重要内容，“概况”概括本分目的主要或重要内容。根据实际情况，有的类目、分目不设“综述”和“概况”。

五、本部年鉴所用稿件由常熟高新区（东南街道）各村（社区）、部门、单位指定专人撰写，经各村（社区）、部门、单位主要负责人审核签发。由于数据来源和统计时间、方法不同等，文中涉及的各类数据如有差异，一律以统计部门的数据为准。

六、本部年鉴所用文字稿件一般都标明撰稿人或提供稿件的部门或单位，照片大多数由常熟高新区（东南街道）提供，也有内容由所属的村（社区）、部门和单位提供，撰稿人姓名或供稿者名称置于条目或照片之后，若多篇连续，则在最后一个条目下署名。

七、本部年鉴中“市委”“市政府”“市长”等，凡未标明“苏州市”的，均指“常熟市”。

《常熟高新区（东南街道）年鉴（2021）》编辑部

2021年11月

卷首语

今年，常熟高新区（东南街道）编纂出版第一部年鉴，这是常熟高新区（东南街道）地情资料和史志工作的一件大事，也是文化建设的一件大事，并为对外宣传增加了新的载体和窗口，对于促进常熟高新区（东南街道）高质量发展，具有十分重要的意义。

2020 年，常熟高新区（东南街道）在习近平新时代中国特色社会主义思想指导下，深入贯彻党的十九大和十九届历次全会精神，团结带领广大干部、群众迎难而上、锐意进取，面对错综复杂的宏观形势，立足市委、市政府确定的“三增三进”总目标，贯彻落实“促发展、补短板、解难题、精管理、抓落实”工作主线，围绕打造高质量产业体系、培育高效益创新生态、构筑高品质营商环境、建设高颜值南部新城，攻坚克难谋发展，聚精会神搞建设，各项指标稳健增长，经济社会高质量发展取得新成效。全年实现地区生产总值 234.2 亿元，增长 10.9%；一般公共预算收入 32 亿元，增长 6%。被认定为国家新型工业化产业示范基地（汽车零部件特色产业）、国家汽车零部件高新技术产业化基地，列入科技部、财政部“百城百园”行动；入围 2020 年江苏省大中小企业融通型特色载体和江苏省创业投资集聚发展示范区。

过去的一年，常熟高新区防疫复工齐抓并进，招商选资逆势上扬，工业投资稳步增长，创新能力不断攀升，新城品质日益提高，党的建设更加扎实。东南街道聚焦疫情防控，筑牢防疫坚强堡垒；聚焦本质安全，助力城市高质量发展；聚焦发展活力，持续完善营商环境；聚焦共治共享，全面增进民生福祉；聚焦精细管理，提高社会治理水平；聚焦自身建设，增强政府履职能力。

这部年鉴全面、系统、准确地记述常熟高新区（东南街道）在 2020 年深入贯彻新发展理念、推动高质量发展所做的具体工作和取得的成就，是不平凡的一年的历史记录，是我们交给时代的一份光彩答卷。作为地方的年度综合性资料书，具有存史、资政、育人的功能，特别是对于做好当前和今后的工作具有重要的借鉴作用。它告诉我们，过去一年我们做了什么，取得了哪些发展和进步，同时，也反映出比起标兵榜样，还有很多差距和不足，需要我们进一步解放思想、开拓创新、真抓实干、攻坚克难，为实现产业、创新、城市“三大重点”突破，率先展现“六美集大美、高新高质量”的现实模样做出更大贡献。

常熟市委常委、高新区党工委书记　王建国

2021 年 11 月

昆承湖夜景（高新区党政办提供）

法字湖（高新区党政办提供）

昆承湖休闲广场（高新区党政办提供）

昆承湖湿地（高新区党政办提供）

湖滨新城（高新区党政办提供）

常熟花园（高新区党政办提供）

东湖社区（高新区党政办提供）

小康村（高新区党政办提供）

东南国际大厦（高新区党政办提供）

常熟国家大学科技园（高新区党政办提供）

常熟高新区发展成就展示厅（高新区党政办提供）

常熟国际学校（高新区党政办提供）

常熟理工学院东南校区（高新区党政办提供）

江苏省常熟职业教育中心校（高新区党政办提供）

中国常熟世界联合学院（高新区党政办提供）

世华学校（高新区党政办提供）

永旺梦乐城（高新区党政办提供）

5 月 18 日，高新区氢能项目集中签约仪式举行（高新区党政办提供）

7 月 16 日，京东物流无人配送研究院项目入驻常熟国家大学科技园签约仪式举行（高新区党政办提供）

9 月 24 日，人工智能峰会暨机器人产业高峰论坛举行（高新区党政办提供）

11 月 24 日，常熟高新区校企合作职业技能人才就业实训基地联合授牌仪式举行（高新区党政办提供）

常熟高新区（东南街道）位置图

审图号：图苏E审（2022）004号

苏州吴文化地名研究所 江苏图博地理信息科技有限公司 编制

要　目

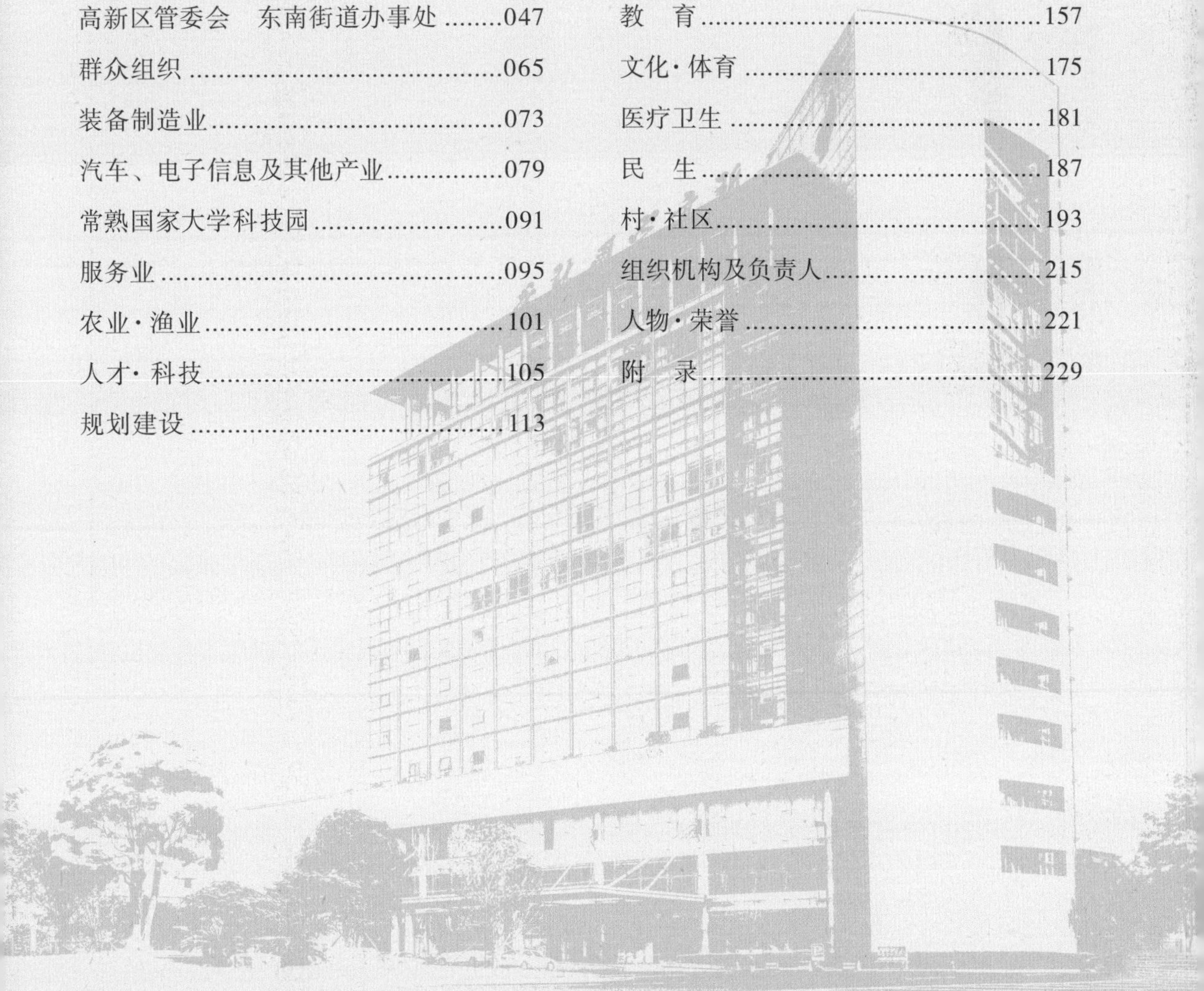

目 录
contents

高新区党工委　东南街道党工委

群众组织

装备制造业

汽车、电子信息及其他产业

常熟国家大学科技园

服务业

农业·渔业

人才·科技

规划建设

城市管理

公用事业

综合监督管理

生态建设

财政·税务

教育

文化·体育

医疗卫生

民　生

村·社区

组织机构及负责人

人物·荣誉

附 录

特载

昆承湖“精彩变局”再出发
常熟高新区绘就绿色发展新时代画卷

一座城市，有了水便有了灵气。江南水乡常熟，河网密布，湖泊众多。“芙蓉落双镜，天影浮重璧”，古人登上虞山俯瞰，昆承湖、尚湖犹如“双镜”，镶嵌在这片美丽富饶的土地上。

位于城市之南、常熟高新区境内的昆承湖是常熟第一大湖泊，相对城市西侧的尚湖，人们又习惯称之为东湖。千百年来，昆承湖无私地养育着湖边的人们，也见证了常熟城市的变迁。如今的昆承湖是常熟的“城市绿肺”，是受群众欢迎的休闲好去处。但在数年前，昆承湖的生态环境也曾蒙尘，沦为居民眼中的“超级垃圾桶”。

从20世纪80年代开始，常熟工业迅速崛起，昆承湖承受了人们过度重视发展而不顾及生态保护的恶果。昆承湖周边地区和湖体被无序开发，水质逐渐恶化，到21世纪初，部分区域水质已经恶化为劣五类。“湖水散发着臭气，船开过就能翻出死鱼来。”回想起20年前昆承湖一潭死水的“惨状”，世居湖边的人感到无比痛心，至今仍然心有余悸。昆承湖生态环境的恶化引起了常熟市委、市政府的高度重视，一场生态“救赎”就此展开。

围绕“人水和谐，生态文明，彰显特色，永续利用”的理念，2006年10月，昆承湖生态修复工程正式启动。以生态修复、景观改善、旅游开发为目标，各项工作快速有序铺展开来，先后实施了围网养殖取缔、湖底清淤、污染企业整治、航道客水分流、生活污水收集、入湖口门控制等六大工程，清除取缔畜禽养殖点和围网养殖5000多亩，湖底清淤约800万平方米，关停、整治和搬迁沿湖100多家污染企业。一个个生态修复项目顺利竣工，一条条生态保护措施得到落实，2012年6月，昆承湖生态修复工程竣工，昆承湖水质由原来的局部劣五类提升为整体三类，生态环境得到了明显改善。

水生态得到修复的同时，自然景观改造也取得成效：状元堤、主入口公园、环湖路、海星岛景观、言子堤及绿化配套工程等项目全部完成，形成了“一环、两堤、三岛”的景观格局。

在昆承湖生态修复工程行将完成的2012年初，市委、市政府将昆承湖纳入常熟高新区管理，一体化打造常熟南部新城。2015年，常熟高新区升级为国家高新区，优质产业创新资源不断集聚，产城融合加快发展，昆承湖畔的南部新城加速崛起。进入新时代的人们不愿重蹈牺牲环境搞发展的覆辙，奋力绘就“绿水青山就是金山银山”的新时代画卷。

为进一步巩固生态修复成效，常熟高新区围绕昆承湖生态环境保护采取了一系列有力措施，“像保护眼睛一样保护生态环境”。常熟高新区持续加强昆承湖环湖治污、增大清水补给，严格执行环境准入负面清单制度，大力推进工业企业污染、城乡生活污染、农业面源污染综合治理，深入排查整治农村纳污坑塘，积极推行雨污分流，全面消除城市黑臭水体，集中开展河道清淤工程，真正实现清疏、排查、建档、修复、管养的闭环体系，让入湖污水“截得住、送得出”，全方位“呵护”昆承湖水质。同时，为实现精准补水，常熟高新区在昆承湖探索建立专属水动力模型，对大陈泾闸、后港闸等六大闸体进行改良设计，全面监测水质、水量、水位及流速，不同方向、不同深度、不同方位实现立体精准补水，源源不断为昆承湖注入“新鲜血液”。今年，常熟高新区还将新建排涝站2座、引水闸门2座，通过外建通道、内引清流，全面强化昆承湖及其周边河湖的生态水体置换。

常熟高新区还巧用“生物疗法”，实施生态放养，净化改善昆承湖水质。常熟高新区联合河海大学进行水循环调度试验，制定畅流活水方案，通过设置喷泉、曝气、种植水生植物、放养鱼苗等形式，构建微生物、植物、动物三大修复体系，通过种植水生高等植物，结合鱼类、底栖动物调控，逐步恢复了昆承湖中的生态链。

生态环境保护同每个人息息相关，每个人都应该做践行者、推动者。从2017年起，常熟高新区逐步建立起三级河（湖）长体系，长期招募“市民河长”，积极引导和鼓励市民参与巡河、管河、护河和治河，参与水环境保护、督查、评议和宣传，为河湖生态环境治理建言献策，为保护昆承湖及周边水系水环境发挥重要作用。当前，河（湖）长的有效管用制度已经在常熟高新区全面落地生根。

以落实“河长制”为契机，常熟高新区大力开展昆承湖湖心断面水质达标工程，确保断面水质达标；建设海星岛国控监测点水生态环境保护水质提升项目，进一步提升水体的自净能力，从根本上改善水环境生态，提升水质。

昆承湖生态系统得到了彻底重建，休闲配套设施得到了前所未有的提升，一幅人与自然和谐相处的美丽画卷再次展开。每逢节假日，远近居民结伴而来，漫步昆承湖边，享受与自然浑然一体的舒适生活。依托昆承湖，龙舟赛、帆船赛、环湖自行车赛等丰富多彩的文体活动陆续开展起来。昆承湖生态环境的不断改善，还吸引了大量湿地水鸟前来栖息，如世界自然保护联盟认定的近危物种罗纹鸭等，湿地生物多样性显著提高。

如今，新时代的昆承湖亦被赋予新职能。作为常熟高新区“三园一岛”新兴产业发展战略的重要组成部分，昆承湖金融科技岛将重点发展大数据、云计算、人工智能等先进技术与金融业紧密结合的金融科技服务业态，打造金融科技产业高地。常熟高新区始终坚持和贯彻新发展理念，努力在昆承湖畔这片创新产业集聚、产城融合加速的南部新城推动形成绿色发展方式和绿色生活方式。

从曾经的“城市垃圾桶”到今天的生态高地，涅槃重生的昆承湖正按照建设南部新城的功能定位，逐步形成生态环境优、现代气息浓、生活品质高的生态城区。昆承湖将不仅是常熟的“城市绿肺”，更是碧波荡漾的生态之湖、科技与人文交融的创新发展之湖。

（原载 2020 年 7 月 14 日《常熟日报》，作者徐百练。）

“至高服务”营造舒心环境
常熟高新区为企业解难题强信心

营商环境是经济发展的软实力。常熟高新区以“至高服务”营造舒心环境，帮助企业高效解决发展难题，增强了企业发展信心，也吸引越来越多的优质企业投资落户、增资扩产，激发了区域发展活力。

欧瑞生物科技（常熟）有限公司是一家生产鼻腔喷雾的挪威企业。2020 年 5 月 18 日在落户常熟高新区的过程中，企业需要提供由中国驻挪威奥斯陆大使馆开具的合法存在证明。受全球疫情影响，中国驻挪威大使馆已关闭，无法提供相关服务。得知企业的难题后，高新区招商局多方协调，与商务部取得联系，帮助企业在两个星期内取得了相关认证文件。6 月底，欧瑞生物获得了营业执照，顺利在常熟落户。欧瑞生物高管茅悦说：“我们的项目遭遇审批难题，高新区第一时间为我们解决燃眉之急，效率非常高。”

如何为新落户企业营造“宾至如归”的感觉？去年，高新区从企业端发力，推出“上门服务”，真正实现了“不见面”审批。高新区招商局报批科工作人员带上材料、电脑，去全国各地拜访客户，上门说明项目材料要求、签字规范等，一旦客户无意见，就可现场签字。“往往我们上午上门，客户中午签字，下午我们就能把办好的营业执照发给客户。”报批科科长马杰说，这种速度让众多企业纷纷竖起了大拇指。高新区内有许多企业同时在上海自贸区也有相应的企业，但论及服务速度，他们普遍认为高新区更胜一筹。去年以来，30 多家企业在这种服务下落户高新区。

10 多年来，高新区完善的服务得到了德国大陆集团的充分认可，也赢得了企业在这里增资扩产的机会。疫情发生后，外商投资受到影响，然而，大陆集团还是决定把中国唯一的新设投资项目——大陆动态控制系统事业部电子空气悬架项目继续落户常熟。在推进项目落地的过程中，高新区紧紧咬住“三增三进”目标不放松，安排招商局工作人员多次前往大陆集团位于上海的总部，与企业高管沟通协调。“通过服务前移，我们帮助企业理清投资内容的组成与鉴定，从前期注册细节到后续运营事宜，就企业所关心的问题来回商讨。”高新区招商局副科长黄骁说，高新区招商局用心的服务态度和高效的流程推进再一次得到了大陆集团的认可。“得益于常熟高新区良好的投资环境和政策支持，大陆常熟工厂得到了良好发展。我们会继续投资常熟，期待与这座城市共同进步。”大陆集团中国常熟工厂总经理尼尔斯说。

“提前介入，主动对接，上门服务”是高新区招商局的服务常态。各部门主动深入一线了解企业实际需求，掌握项目建设情况，每周召开工作例会，全力帮助解决企业的实际困难和相关诉求。截至今年 8 月上旬，高新区招商局共新批外资项目 15 个。1 至 7 月，外资投资总额逾 4 亿美元，同比增长 26.37%。“围着企业转、盯着项目干”，高新区以积极的服务态度，落实好国家支持实体经济发展的各类新政策，加大政策宣传解读力度。2020 年起，企业注册登记开始实施实名认证，需要企业相关自然人下载登记注册身份验证 App，并实行多次刷脸操作。4 月初，太仓市合泰机械有限公司计划新设一家子公司——常熟市达德机电科技有限公司，新政策的出台使企业高管面临难处。高新区招商局报批服务科与企业提前沟通，提供上门服务，进行现场手续操作，帮助企业将营业执照在当日批下。

高新区既聚焦规模企业，也兼顾初创企业，让所有企业都能知晓政策、运用政策、享受政策。2020 年《外商投资法》正式施行后，高新区招商局积极实践新政策，因势利导，为企业详细分析风险成本、操作成本、运营成本、纳税成本。今年 4 月，拥有国际领先的锂离子电容器关键原材料、核心极片技术和先进生产制备工艺技术的苏州容能新能源科技有限公司落户高新区。在招商局工作人员指导下，企业对照《外商投资法》仔细对比权衡，最终选择中方股东为自然人的新型股东合资结构，并于1个工作日内完成了工商注册，成为高新区首家此种股权结构的中外合资企业。

（原载2020年8月21日《常熟日报》，作者陆飞龙。）

过去三年，在国家级高新区排名中上升54位，常熟高新区奋力打造创新策源地经济增长极——

攀“高”比“新”集聚硬核动能

攀“高”比“新”集聚硬核动能

氢是自然界最简单的元素，却蕴含着巨大的能量。常熟，展现出做大做强氢能产业的雄心壮志。日前，在第三届中国国际进口博览会第三场招商路演上，重塑能源科技携旗下一系列尖端氢燃料电池动力解决方案亮相。适应不同应用场景需求的氢燃料电池动力技术正在加快引领商用车动力变革，让重塑能源科技成为行业领跑者。

今年8月3日，重塑能源科技常熟产业化基地投产，填补中国氢燃料电池核心零部件产业链空白，加速氢燃料电池全产业链在常熟成型做强。作为年轻的国家级高新区，常熟高新区始终保持锐意创新的勇气、敢为人先的锐气、蓬勃向上的朝气，当先锋、争排头，大力发展高新技术产业和战略性新兴产业，综合实力和创新能力快速提升，过去三年在国家级高新区排名中上升了54位，在高质量发展道路上行稳致远。

好项目纷至沓来，“三园一岛”成效初显　千帆竞渡、百舸争流，常熟高新区发展势头正好——

7月中旬，总投资超20亿元的5个项目签约落户，涵盖高端装备制造、智能化设备、新材料等领域；7月28日，国内著名高端半导体检测设备研发与制造企业——江苏匠岭半导体公司总部基地落成；7月31日，全球领先固态激光雷达科技企业——苏州一径科技有限公司开业。

比“新”有道，攀“高”不止。常熟高新区聚焦人工智能、金融科技、生命健康等领域，加快补短板、大力强长板。汽车零部件是常熟高新区的支柱产业，产值和纳税额占半壁江山。今年上半年，受市场环境影响，33家传统汽车零部件企业产值有所下降。与此同时，新中源、正力新能源、延锋、法雷奥西门子等8家新能源汽车零部件企业产能持续释放，产值同比增长10.7%，对整个汽车产业拉动作用明显，为上半年常熟高新区主要经济指标正增长做出重要贡献。

疫情防控精准有效，经济恢复成效明显。今年以来，常熟高新区危中寻机、化危为机，走出一条“V”形曲线，成功入选第九批国家新型工业化产业示范基地名单、汽车零部件特色产业示范基地、江苏省2020年拟支持省大中小企业融通型特色载体。

“践行新发展理念，落实高质量发展要求，常熟高新区着眼产业链条、做精细分领域、聚焦关键环节，提高经济发展的质量和效益。”常熟市委常委、高新区党工委书记王建国说。

眼下，氢能源汽车产业园、人工智能科技产业园、中日创新合作产业园、昆承湖金融科技岛构成的“三园一岛”展现英姿，以汽车及核心零部件、先进装备制造、新一代信息技术和现代服务业为代表的“3+1”支柱产业茁壮成长，为实现常熟“三增三进”目标添薪续力。

“两手抓、两手硬”，今年上半年，常熟高新区取得了逆势上扬的好成绩——地区生产总值、一般公共预算收入、工业总产值、工业销售收入、实际利用外资额分别同比增长4.71%、1.28%、4.02%、2.45%、4.91%。

建强平台厚植沃土，增强区域发展动能

昆承湖畔，大院大所、高端研发机构鳞次栉比。常熟高新区坚持把创新作为引领发展的第一动力，抓住成功升级国家高新区、融入苏南国家自主创新示范区、建设省科技综合改革核心区三大机遇，厚植“双创”沃土、激发创新活力、集聚创新资源，建设常熟科技创新核心区。其中，常熟国家大学科技园是全国县级市中首家国家级大学科技园，也是常熟高新区深化科技创新、引领产业转型、增强区域发展动能的重要战略平台。

一幅创新画卷铺展开来——

省产业技术研究院智能液晶所按照“项目经理”模式，推动科技成果转移转化，衍生孵化科技型企业，把常熟打造成全国智能液晶产业高端人才和高成长型企业集聚区。

省产业技术研究院先进金属材料及应用技术研究所着力提升“研究开发、孵化投资、资源整合、经营管理”四大核心能力，打造技术成果转化与企业孵化的生态型科创平台。

上海交大轻量化研究院致力于打造中国最具有影响力的汽车轻量化技术研究开

发和产业化平台，建立上海交通大学新材料产业化基地，引进新材料研发项目，在尚湖和沙家浜建立产业化基地，放大区镇联动辐射效应。

学科与产业对接、成果与企业对接、专家与企业家对接，常熟高新区推动“创客链”与“创业链”衔接、“服务链”与“孵化链”融合、“创新链”与“产业链”配套，构建起完整的众创空间、孵化器、加速器、产业园创业孵化链条，让创新创业之花竞相绽放。

目前，常熟高新区正以建设国家创新型特色园区为抓手，全力推进新型研发机构建设和科技成果产业化工作，紧扣关键技术领域和产业创新需求，鼓励企业设立研发中心和工程中心，力争到2025年企业研发中心达到50家。同时以科技创新平台为依托，集中力量、集聚资源、集成政策，着力突破“卡脖子”技术，打造一流的产业创新生态体系，全力助推高质量发展。

花香蝶自来，最优政策至高服务相得益彰

德国大陆集团是世界知名的汽车零部件和系统解决方案供应商，落户常熟高新区已有10多年。今年4月，虽然疫情带来不利影响，但大陆集团坚定地将电子空气悬架项目放在了常熟。

“项目快速上马，离不开政府部门的全力支持。”大陆汽车系统（常熟）有限公司总经理尼尔斯坦言，良好的政务服务、营商环境是他们扎根常熟、加大投资力度的最主要原因。

“疫情防控期间，人员进不来，产品出不去，‘两头堵’的情况下，我们组织专人从早上8时到晚上10时轮批在卡口接应，畅通企业生产链条。”王建国说。这是服务企业的一个缩影，通过它，以小见大，常熟高新区的务实与担当一目了然。

今年是极不平凡的一年。越是困难，越要凝心聚力迎难而上。常熟高新区以保促稳、稳中求进，推动高质量发展呈现良好态势——

紧紧咬住“三增三进”目标不放松，以重大项目为抓手，用好“最优政策”和“至高服务”，构筑高品质、最舒心的营商环境，在创新企业服务、抓项目促发展、培育新经济新产业、产城融合等方面取得新成效。

依托昆承湖得天独厚的自然资源，发挥常熟理工学院、常熟UWC、世华学校、常清中学、永旺梦乐城等项目配套功能，产城融合发展按下“快进键”；全力加快日航国际社区、凯悦酒店、哈佛医疗等项目建设进度，吹响人才引进“集结号”。

花香蝶自来。产业发展与新城建设双轮驱动，创新发展与环境提升相得益彰，让常熟高新区的“家底”更实、底气更足——拥有国家、省、市各级各类人才项目超过300个，国家级博士后科研工作站11个，累计拥有有效高新技术企业242家。

“深入实施‘产业提质、创新提效、服务提优、融合提速’发展战略，努力打造高质量产业体系，培育高效益创新生态，构筑高品质营商环境，建设高颜值南部新城，加快推进支柱产业转型升级，积极布局新兴产业形成生态。同时围绕产业和人才发展需求，不断优化营商环境，完善居住、教育、医疗、商务等配套载体建设。”王建国表示，要努力把常熟高新区建设成经济高质量发展的增长极和科技创新的策源地。

（原载2020年8月24日《苏州日报》，作者商中尧、陈洁。）

支柱产业大而强　新兴产业精而优
常熟高新区姿态昂扬阔步向前

支柱产业大而强，新兴产业精而优，经过多年积累，常熟高新区产业发展姿态昂扬。2019年，在全国169家国家高新区排名中，常熟高新区位居第72，3年累计上升54位。

汽车及核心零部件、先进装备制造、新一代信息技术和现代服务业，构成了高新区“3+1”支柱产业。目前，支柱产业已引进20多个国家和地区的1000多个项目，包括28家世界500强企业投资项目50个，内外资注册资本分别达400亿元和86亿美元。

汽车及核心零部件产业方面，高新区现有112家汽车零部件企业，其中16家世界500强企业投资了31个相关项目，12家全球汽车百强供应商企业先后投资了20个重点项目，汽车零部件一级供应商累计已达63家，投资超亿美元项目15个，规模以上企业总投资超过400亿元。丰田系、大陆系、三菱系三大企业体系运行稳健，丰田系产值超百亿元，大陆系、三菱系产值超50亿元；法雷奥西门子系、延锋系、马勒系新三大企业体系发展迅猛，3年内销售额有望突破300亿元。同时，区内15家企业分别设立了独立研发中心及工程技术中心、测试中心，研发创新及市场适应能力大幅提升。

与此同时，高新区新能源汽车产业也在蓬勃发展。高新区共引进新能源汽车核心系统企业20家，其中，动力电池生产企业8家，电机电控企业4家。2019年，新能源汽车产业销售额和税收占全区汽车产业比重的近一半，初步形成了传统汽车零部件稳健发展、新能源核心部件快速增长的产业互补格局。

先进装备制造业方面，高新区集聚了装备制造业企业140家，产品涵盖数控机床、工程机械、工业机器人、精密加工、无人车间等领域，形成了以三一索特传动为代表的工程机械生产企业集群、以三菱电机为代表的智能装备制造企业集群、以菱创为代表的系统集成商集群。

新一代信息技术产业集聚了新世电子、生益科技、敬鹏电子、贺利氏、全波通信等一大批知名国内外上市企业，产业涵盖5G通信材料、消费电子、新一代网络设备等，引领区内电子信息产业向智能化、数字化、信息化方向转型。

现代服务业聚集了以丰田研发总部、马勒研发、亨弗劳恩研发、丰田仓储贸易中心、德国卡赫营销中心为代表的10家销售总部及20家功能性研发机构，以华映资本、保利资本为代表的40多家创业投资、股权投资机构，以常融、昊华等为代表的融资租赁机构，以三井住友银行、东京三菱、瑞穗、汇丰银行等为代表的外资金融机构，以万宝盛华、CDP为代表的100多家国内外知名人力资源服务机构。高新区服务业贡献占比逐年提升，形成了“研发+服务”“展示+贸易”“基金+投资”“金融+租赁”“人才+培训”等多层次、宽领域的高技术现代服务业产业集群。

在“3+1”支柱产业持续发力的同时，常熟高新区积极适应经济发展新变化，自2019年以来加快布局氢能源、人工智能、金融科技、医疗健康等战略新兴产业，加快推进各类特色产业园区建设。

依托丰田氢燃料研发、重塑科技氢燃料电池系统集成等头部企业优势，高新区正全力打造氢能源汽车产业园。目前，区内已引进以上海捷氢、治臻、美国AP、奕森科技、擎动科技等为代表的氢能源相关项目20多个，形成了集核心零部件研发与生产、储氢、加氢、示范应用于一体的产业体系，达产规模将超50亿元。

人工智能科技产业园充分发挥北京中关村RFC联盟的带动效应和相关项目在人工智能领域的全产业链优势，大力招引行业领军企业。目前，高新区已引进臻迪科技、一径科技、穿山甲机器人等近50家关联企业，产品涵盖服务机器人、智慧教育、无人机、激光雷达、智能安防等细分领域。今年，建筑面积达16万平方米的人工智能产业园已开工，预计于2021年建成投用，届时将再集聚50家以上人工智能企业。

发挥常熟世联学院资源优势，高新区正打造昆承湖金融科技岛，以“金融+科技”为重点，吸引以数字资产为特征的“互联网+”、云计算、区块链及金融人才线上线下培训等各类产业。目前，高新区已成功引进上海高金研究院、吉风科技、径卫燕梳、云优送、反身镜像等20多个项目。金融科技岛10万平方米载体不久将开工建设。

依托雄厚的日资企业基础，高新区加快建设中日创新合作产业园，目前已引进超过80家日资企业，包括丰田汽车、三菱电机、三菱重工、日立、永旺等12家世界500强企业投资的22家企业。日资企业累计注册资本达到18亿美元，总投资超过40亿美元。未来，中日创新合作产业园将以日本高端制造项目为重点，在智能制造、精密零部件加工、半导体设备、新材料等领域全方位开展对接合作，着力打造中日创新合作典范。

此外，高新区医疗健康产业园已集聚30多家医疗企业与健康机构，包括哈佛医学中心、西门子医疗创新中心、爱因斯牙科、雅博尼西人工关节等，产业涵盖医用悬挂系统、骨科医疗器械、口腔医疗器械、康复设备、抗病毒溶胶等领域。同时，10万平方米的华复国际医疗产业基地已开工建设，高新区医疗健康产业园也将加快发展步伐。

（原载2020年9月21日《常熟日报》，作者陈燕。）

大事记

1月	3日	在苏州市召开的开放再出发大会上，三菱电机汽车零部件项目、三菱重工电动汽车空调压缩机项目、人工智能产业总部项目、昆承湖国际创新人才基地项目、常熟智能汽车研发测试系统集成项目签约落户高新区。
	7日	华复国际医学社区项目签约落户。
	11日	华傲金融科技项目签约落户。
	16日	三菱电机智能装备应用体验中心开业。
	17日	丰田汽车、上海重塑科技与苏州金龙汽车联手打造的20辆氢能源公交车正式投运，开启常熟氢能公交新时代。
	21日	高新区举行2019—2020年度党员冬训工作动员会暨“昆承先锋”讲堂。
2月	4日	江苏省委常委、苏州市委书记蓝绍敏到高新区检查新冠肺炎疫情防控工作。
	18日	总投资近50亿元的13个重点项目通过线上屏对屏的方式在高新区集中签约。
3月	5日	在苏州市2019年度综合考核工作总结暨作风建设大会上，高新区荣膺“2019年度推进高质量发展先进地区”。
	17日	苏州市政协主席周伟强一行先后到丰田汽车研发中心（中国）有限公司、江苏重塑能源科技有限公司项目建设现场、成鼎精密元件（常熟）有限公司项目建设现场进行调研。
	28日	怡达控股新能源汽车连接器项目签约落户。
4月	1日	埃眸科技纳米光刻机项目签约落户，总投资10亿元。
	15日	合泰工程机械项目签约落户，总投资3亿元。
	16日	世界500强德国大陆集团电子空气悬架项目签约落户。
	30日	市委常委、高新区党工委副书记、高新区管委会副主任王建国，市政协副主席、高新区管委会副主任姚丽英等领导带领相关职能部门人员到企业进行安全生产（消防）大检查。
5月	8日	高新区党工委、东南街道党工委在全区党员干部中开展第十二

个“5·10 训廉日”主题宣传教育，举办“聚焦‘三增三进’、争做勤廉表率”演讲比赛。

18 日　以“选择常熟，共赢未来”为主题的 2020 中挪北欧常熟经济合作云推介会在常熟 UWC 举办。总投资约 136 亿元的 23 个项目签约，其中现场签约项目 8 个、在线签约项目 9 个、场外签约项目 6 个。

是日　高新区氢能项目集中签约仪式举行，捷氢科技氢燃料电池系统、金亚隆石墨双极板、诚志空气产品加氢站区域投资及运营总部签约，分别投资 5000 万元、1 亿元和 2 亿元。

21 日　东南派出所迁建项目开工仪式举行。

25 日　雅博尼西医疗科技（苏州）有限公司项目开工仪式举行，总投资 1.6 亿元。

26 日　联德电子科技、济宁锐博工程机械项目签约仪式举行，两个项目落户高新区联动乡镇沙家浜镇。

30 日　江苏擎动新能源科技有限公司开业，总投资 5000 万元。

是日　羚控科技智能飞行器、长三角前沿科技协同创新研究院、远望防务科技装备产业基金 3 个项目签约，总投资 3 亿元。

---

6 月

1 日　市委书记周勤第到高新区调研苏州智慧医疗创新中心发展情况。

是日　市委副书记、副市长秦猛到常熟（北京）创新中心调研。

是日　丰树国际智能中央厨房项目签约仪式举行，项目落户高新区联动乡镇辛庄镇，总投资约 1 亿美元。

是日　中国恒瑞碳纤维航空部件项目签约落户，总投资 1 亿美元。

3 日　恒工流体机械核心部件项目签约落户，总投资 10 亿元。

6 日　苏州治臻新能源装备有限公司奠基仪式举行，总投资 2.6 亿元。

11 日　全国人大常委会委员、全国人大外事委员会副主任、北京大学未来教育管理研究中心主任林建华，江苏省产业技术研究院院长刘庆等到高新区考察。

17 日　由市人才工作领导小组办公室主办，市侨联、侨办、常熟国家大学科技园承办的 2020“智惠常熟　云聚昆承”海外人才项目“云路演”活动在铁马营创投孵化器举行。

22日　江苏省生产力促进中心党委书记罗扬到高新区调研，副市长吴庚昌，常熟国家大学科技园党工委委员、管委会副主任王奇峰等参加。

24日　市委常委、高新区党工委书记王建国带领调研视察组在高新区开展党代表看党建、市领导督党建调研视察。

29日　大陆汽车电子系统（常熟）有限公司项目开工仪式举行，市委书记周勤第会见大陆集团中国区总裁兼首席执行官汤恩一行。

7月　1日　高新区庆祝建党99周年暨高质量发展推进会召开。

14日　市委书记周勤第到高新区调研。

16日　高新区“星火炬力”书记项目推进会暨昆承湾党性教育实训馆揭牌启动仪式举行，“星火”党建品牌发布。

是日　京东物流无人配送研究院项目签约落户。

20日　江苏省委常委、苏州市委书记蓝绍敏到常熟调研，了解发展实情，督促推进三季度工作和全年目标任务完成。

21日　统联汽车科技、戴铂新材料、国量精密仪器、宏瑞达科技等项目集中签约落户，分别投资5000万元、1250万美元、2.5亿元和4.5亿元。

27日　市委书记周勤第，市委副书记、市长焦亚飞，市人大常委会主任杨崇华，市政协主席王建国等市四套班子领导带领市委全体（扩大）会议与会人员来到高新区调研产业发展和重点项目建设情况。

28日　江苏匠岭半导体有限公司总部基地落成典礼暨首批机台出口仪式举行。

31日　市人大常委会主任杨崇华带队到高新区调研数字经济发展情况。

是日　高新区（东南街道）侨联举办“服务侨胞　聚力三进”专题活动。

是日　一径科技开业仪式举行。

8月　2日　中国汽车动力电池产业创新联盟燃料电池分会2020年会在常熟举行。

3日　重塑科技常熟产业化基地竣工投产仪式举行。

7 日　市委副书记、市长焦亚飞带队督查昆承湖生态修复及水质提升工程、中电国际常熟燃气发电项目现场。

8 日　高新区发起全省首次由政府申请组织外企人员入境复工的包机，共接回日企高管及工作人员 80 名。

13 日　市委副书记、市长焦亚飞到高新区走访调研挂钩产业、载体项目。

17 日　市委副书记、市长焦亚飞带领市政府办公室及相关部门负责人到高新区（东南街道）调研“331”专项行动。

19 日　丰电金凯威氢能压缩机生产总部暨上市主体项目签约落户，总投资 3 亿元。

27 日　高新区主办的常熟人工智能科技产业园推介会在珠海举行。

---

9 月　8 日　瑞典亚萨合莱自动门系统项目签约落户，总投资 6000 万美元。

10 日　中稀东洋永磁电机有限公司投产。

22 日　苏州云途半导体有限公司车规级控制器芯片项目启动仪式举行。

23 日至 25 日　2020 年常熟市中小学生田径运动会在常清中学举办。

24 日　2020 年人工智能峰会暨机器人产业高峰论坛举行。

28 日　江苏省科技企业融资路演服务中心常熟高新区分中心举办“股权融资”金融路演专场活动。

29 日　日航国际中心项目签约仪式举行。

30 日　高新区与东南街道领导班子成员进行节前安全检查。

---

10 月　10 日　全国县级市首家特斯拉体验中心在永旺梦乐城开业。

12 日　广州正创控股集团华东区总部项目签约落户。

15 日　市委书记周勤第调研高新区部分企业，听取发展情况汇报和意见建议。

17 日　2020 常熟高新区第二届“昆承杯”足球联赛开幕式在市体育中心举行。

20 日　江苏省首个全功能临床前研究检测服务平台玥宁医疗科技项目签约落户，总投资 8000 万元。

23 日　高新区（东南街道）秋冬季疫情防控工作会议召开。

29 日　锐新昌科技（常熟）有限公司开业仪式举行。

11月 2日　申通（苏州）智慧电商物流产业园项目签约落户。

11日　市委常委、组织部部长潘浩一行到高新区调研人才工作。

18日　全省首个集萃研究生基地签约落户。

20日　常熟高新区举办2020年度消防技能比赛。

21日　华映六期基金项目、迈宝中国总部项目签约落户，基金总规模6亿元。

是日　第十二届中国智能车未来挑战赛在高新区举办，来自高校、科研机构和企业的22支车队参加。

23日　三一集团智能装备项目签约落户，总投资50亿元。

24日　高新区校企合作职业技能人才就业实训基地联合授牌仪式在常熟职教中心举行。

29日　科技部火炬中心副主任李有平一行到高新区调研。

12月 2日　张家港市委常委、张家港高新区党工委书记赵建明一行到高新区考察交流。

7日　苏州市纪委常委、党风政风监督室主任王虎一行到常熟国际学校考察指导新社会组织党的纪律监督工作。

是日　亨弗劳恩（江苏）轻量化先进复合材料研究院获批苏州市新型研发机构，成为常熟市首家由外资企业设立的独立新型研发机构。

8日　马勒机电技术（苏州）有限公司揭幕仪式举行。

10日　康迪泰克氢能与燃料电池技术中心成立庆典暨签约仪式举行。

11日　江苏省副省长马秋林一行到高新区调研工业经济发展情况。

15日　高新区（东南街道）召开党的十九届五中全会精神宣讲报告会，苏州市委宣讲团宣讲。

19日　高新区（东南街道）联合开展强化企业用工服务专项行动。

26日　高新区（东南街道）局办医疗服务能力提升项目启动仪式暨“共建病房”揭牌仪式举行。

31日　高新区2020年度落实党风廉政建设责任制暨基层党建工作专项述职会议召开。

（高新区党政办　东南街道综合办）

常熟高新区（东南街道）概览

自然地理

【位置面积】 常熟高新技术产业开发区（以下简称高新区）地处北纬31°41′、东经120°03′。2020年,高新区东至四环路，南至三塘街，沿尤泾河、苏嘉杭高速至久隆路、张家港河、沙蠡线、227省道复线，南至锡太公路；西至227省道；北至南三环路，沿227省道复线至张家港河，沿外环航道、白茆塘至黄山路；北至富春江路、东至武夷山路、北至王江瀚、白茆塘至四环路。高新区面积约78.03平方千米，含昆承湖湖泊面积15.6平方千米。东南街道行政区域面积27.98平方千米，人口1.49万人。

【地质地貌】 常熟境内的平原属太湖水网平原，土地平旷，地势低洼。高新区（东南街道）位于常熟南部昆承平原，是昆承湖等浅水湖分布区域，地势比常熟其他区域偏低。

【河湖水系】 高新区（东南街道）区域涉及联圩9个，有大小河流68条，其中骨干河道水面积3.67平方千米，其他河荡水面积1.84平方千米。区域内河湖水面率为28.06%；扣除昆承湖水面积后，水面率为9.67%。昆承湖四周有河流20多条，水系发达。

【气候气象】 2020年,高新区（东南街道）平均气温17.7℃，极端最高气温37.6℃，极端最低气温-6.9℃，无霜日317天，降雨145天，年降水量841.7毫米，日最大雨量136.2毫米,日极大风速每秒16.1米。

（薛敏　仲时进）

建置区划

【建置沿革】 高新区是在常熟东南经济开发区基础上发展而成的。2003年5月，经省政府批准设立东南经济开发区，2006年7月，通过国家发改委审核公告。2015年9月，经国务院批复，升级为国家高新区。东南街道区域原为虞山镇湖东社区和苏锋村、东渔村、昆承村3个行政村，以及古里镇小康村和坞坵村四环路连接线以西部分区域，后合并为东南街道。

【名称由来】 2015年9月，常熟东南经济开发区经国务院批复实施升级，更名为常熟高新技术产业开发区。2011年11月，经省政府批复同意，设立东南街道办事处。

【行政区划】 高新区（东南街道）地处常熟市中部偏东南，东与古里镇相连，南与沙家浜镇相接，西濒昆承湖，北邻琴川街道。2020年，东南街道管理东湖社区、湖畔社区、启文社区3个社区和苏锋村、东渔村、昆承村、小康村4个行政村。

（薛敏　仲时进）

人口·资源

【人口户籍】 2020年末，高新区（东南街道）户籍人口20034人，其中城镇人口4096人，城镇化率20.4%。户籍人口中，男性9715人，占48.42%；女性10319人，占51.58%。另有流动人口8.2万人。2020年，人口出生率1.79‰，人口死亡率1.96‰，人口自然增长率-0.17‰。

【自然资源】 昆承湖是常熟市境内最大的湖泊，属于太湖流域水系阳澄湖湖群，南北长6千米，面积15.6平方千米，蓄水量5000万立方米，水质优良，众多鱼类在湖中生长。湖区有昆承湖湿地，湿地面积约1534.3公顷，生长多样植物，栖息众多飞禽。域内河网密布，航运灌溉、给水排水十分方便；水域广阔，昆承湖及周边景观资源适宜发展旅游业与运动、休闲产业。苏嘉杭高速、常合高速、204国道、锡太一级公路、227省道等多条高等级公路在高新区交会，高新区区位优势

昆承湖（高新区党政办提供）

明显，适宜发展高科技产业、装备制造业、汽车产业、新能源产业、现代物流业和房地产业。

【景点景区】 昆承湖景区由“一环、两堤、三岛”构成，“一环”即环湖绿色生态环，“两堤”即东西向的状元堤和言公堤，“三岛”即海星岛、状元岛和公望岛。景区是集生态休闲、水上娱乐、体育运动、科普教育等为一体的综合性开放型景区。

（薛敏　仲时进）

2020 年高新区主要经济指标

表 1　　2020 年高新区国民经济主要统计指标（小口径）一览

指标名称	单位	其中：东南直引	上年同期	增长（±）
一、地区生产总值	万元	2458519	2112706	16.37%
其中：1. 第一产业	万元	—	—	—
2. 第二产业	万元	2026859	1756556	15.39 %
其中：工业	万元	1857899	1613548	15.14 %
建筑业	万元	168960	143008	18.15 %
3. 第三产业	万元	431660	356150	21.2%
其中：房地产	万元	37150	29810	24.62 %
二、1. 全部工业总产值	万元	8347385	7225279	15.53%
其中：规模以上	万元	7992250	6922867	15.45 %
2. 工业产品销售收入	万元	8280615	7204505	14.94 %
其中：规模以上	万元	8078662	7043986	14.69 %
3. 工业利税总额	万元	762958	665671	14.61 %

续表

指标名称	单位	其中：东南直引	上年同期	增长（±）
其中：规模以上	万元	728221	635093	14.66 %
4. 工业利润总额	万元	635547	575139	10.5 %
其中：规模以上	万元	608544	551221	10.4%
三、全社会固定资产投资	万元	1220072	848197	43.84 %
其中：工业企业投资	万元	685216	461532	48.47 %
服务业投资	万元	534856	386665	38.33 %
四、1. 当年新批外商投资企业	家	20	15	33.33 %
2. 累计批准外商投资企业	家	528	508	3.94 %
3. 当年新批合同利用外资（老口径）	万美元	132130.65	75774.88	74.37 %
4. 累计批准合同利用外资（老口径）	万美元	1766176.43	1635545.78	7.99%
5. 当年新批合同利用外资（新口径）	万美元	46150.24	42032.02	9.8 %
6. 累计批准合同利用外资（新口径）	万美元	857771.53	811621.29	5.69 %
7. 当年实际利用外资	万美元	25005.62	20065.85	24.62 %
8. 累计实际利用外资	万美元	406393.27	381387.68	6.56 %
9. 自营进出口总额	万美元	411032.9	401399.32	2.4%
其中：自营出口额	万美元	201014	200977.2	0.02 %
五、1. 当年新批内资企业	家	590	528	11.74%
2. 累计批准内资企业	家	4949	4359	13.54%
3. 当年新批内资企业总投入	万元	777535	529636	46.81%

续表

指标名称	单位	其中：东南直引	上年同期	增长（±）
4. 当年新批内资企业注册资金	万元	584097	461284	26.62 %
六、财政总收入	万元	1153683.745	867271.89	33.02%
七、一般公共预算收入	万元	321767.04	303612.6	5.98 %
八、入园企业	家	5247	4867	7.81 %

表 2　2020 年高新区超 1 亿元投资项目一览

序号	单位名称	项目名称	计划总投资（万元）
1	延锋安道拓（常熟）座椅机械部件有限公司	新建年产汽车座椅滑道4200万件、汽车座椅传动件3000万件项目	205000
2	常熟昆承发展投资有限公司	新建常熟南部新城商业广场项目	200000
3	常熟铧顺科技产业园投资发展有限公司	新建年产5万套车载智能设备、2万台无人机等制造项目	150000
4	常熟东南乡村振兴建设有限公司	新建协同创新产业园高标准厂房、人才公寓及配套用房项目	130000
5	索特传动设备有限公司	索特车间技改项目	120000
6	常熟市昆承湖投资有限公司	新建常清中学及世清教育培训项目	118000
7	德克迅（苏州）自动化有限公司	新建物流自动化系统设备生产项目	105000
8	中电常熟热电有限公司	中电常熟燃机热电联产工程项目	102000
9	江苏正力新能电池技术有限公司	新建年产动力与储能锂电子电芯生产项目	100000
10	科力美汽车动力电池有限公司	增资扩建车用镍氢动力蓄电池模块组项目（四期）	99800

续表

序号	单位名称	项目名称	计划总投资（万元）
11	科力美汽车动力电池有限公司	增资扩建年产116280台车用镍氢动力蓄电池模块组项目	93969
12	常熟昆承发展投资有限公司	新建昆承湖国际社区项目	90000
13	常熟昆承发展投资有限公司	新建日航酒店项目	90000
14	科力美汽车动力电池有限公司	扩建年产116280台车用镍氢动力蓄电池模块组项目（三期）	82611
15	成鼎精密元件（常熟）有限公司	新建年产精密线性滑轨50万组精密滑台模组10万组项目	80600
16	江苏正力新能电池技术有限公司	新建年产混合动力用锂离子电池及电池研发项目	80000
17	江苏中法水务股份有限公司	市农村生活污水质量工程新建城东水质净化厂（暂名）及配套管网（中水）工程	74735
18	敬鹏（常熟）电子有限公司	扩建年产72万平方米铜箔基板裁切钻孔项目	72345
19	常熟高新技术产业开发区管理委员会	启文学校及幼儿园工程项目	71511
20	江苏亨睿航空工业有限公司	新建航空和轨交及工业用复合材料零部件与年产1万套可穿戴智能设备及零部件制造项目	62800
21	嘉地工业地产发展（常熟）有限公司	嘉地工业地产新建标准厂房项目	62687
22	江苏重塑能源科技有限公司	新建年产2万套氢燃料电池系统项目	60000
23	常熟埃眸科技有限公司	新建年产15套电子工业专用设备及紫外纳米压印光刻机项目	50010
24	锐新昌科技（常熟）有限公司	新建工业精密铝合金部件生产项目	47010

续表

序号	单位名称	项目名称	计划总投资（万元）
25	富奥法雷奥西门子电动汽车零部件（常熟）有限公司	新建新能源汽车电机管理系统生产项目	46408
26	苏州宇量电池有限公司	扩建年产10亿瓦时锂电子电池项目	42800
27	日立产机（苏州）压缩机有限公司	新建年产7000台（套）空气压缩机及配套设备项目	41400
28	菱越新能源科技（常熟）有限公司	新建年产100万台新能源汽车电动压缩机项目	38000
29	圣让汽车系统（常熟）有限公司	新建年产130万件车用控制臂叉臂支座及轮毂盘项目	37330
30	苏州芯慧联半导体科技有限公司	新建年产静电卡盘1200套	37000
31	常熟法雷奥汽车雨刮系统有限公司	新建雨刮系统生产项目	36000
32	凯毅德汽车系统（常熟）有限公司	新建汽车中控门锁系统生产线项目	34930
33	卡赫清洁技术（常熟）有限公司	扩建年产200万台家用清洁设备10万台专用清洁设备项目	34650
34	丰田汽车（常熟）零部件有限公司	年产36万台线性换挡无级自动变速器项目	33539
35	康迪泰克（中国）橡塑技术有限公司	扩建发动机涡轮增压器关键部件及有机–无机复合泡沫保温材料项目	31416
36	新中源丰田汽车能源系统有限公司	扩建锂离子蓄电池组装项目	31400
37	太普动力新能源（常熟）股份有限公司	扩建动力型及储能式锂离子电池组装加工项目	30000
38	苏州宇量电池有限公司	扩建年产20亿瓦时锂离子电池项目	30000
39	欧德克斯机械工业（常熟）有限公司	扩建平衡轴减震器和发动机配气机构凸轮罩生产项目	26320

续表

序号	单位名称	项目名称	计划总投资（万元）
40	苏州治臻新能源装备有限公司	新建氢燃料电池金属双极板生产项目	26000
41	常熟东南资产经营投资有限公司	新建汽车空调系统专用生产用房二期	26000
42	丰通上组物流（常熟）有限公司	新建年产100套仓储设备及年产100套工业自动控制系统装置制造项目	25718
43	蓝石新动力（常熟）有限公司	新建电机电控智能仪表车辆中央控制器电池管理系统生产项目	25000
44	索特传动设备有限公司	常熟索特产业园二期项目	25000
45	菱创智能科技（常熟）有限公司	新建液晶生产设备、半导体生产设备生产项目	25000
46	常熟东南资产经营投资有限公司	高新区东南大道湖山路常昆公路改造工程	21085
47	诺爱克医疗科技（常熟）有限公司	新建年产1万件悬吊康复治疗系统生产项目	20160
48	常熟中杰供应链管理有限公司	新建标准厂房项目	20000
49	常熟英华特环境科技有限公司	新建年产100万台涡旋式压缩机项目	20000
50	海力达汽车科技有限公司	扩建电磁阀及相位调节器生产项目	20000
51	阿为特精密机械（常熟）有限公司	新建年产150万件交通设备零部件及10万套工装模具与10万套机电设备生产项目	20000
52	科普拉工程塑料（苏州）有限公司	新建年产8万吨工程塑料项目	17574
53	法雷奥西门子新能源汽车（常熟）有限公司	购置示波器等项目	17154
54	太普动力新能源（常熟）股份有限公司	扩建锂电子电池生产建设项目	16898

续表

序号	单位名称	项目名称	计划总投资（万元）
55	德纳（常熟）电驱动系统有限公司	新能源汽车齿轮箱生产项目	16750
56	雅博尼西医疗科技（苏州）有限公司	新建年产1.5万套人工关节产品及年产配套手术工具1000套和微创外科医疗器械1万套项目	16000
57	苏州佐竹冷热控制技术有限公司	新建环境实验室生产项目	15750
58	中稀东洋永磁电机有限公司	新建稀土水磁电机项目	15000
59	奕森科技（江苏）有限公司	新建年产涡轮增压器100万套项目	15000
60	江苏集萃分子工程研究院有限公司	新建实验室及研发项目	14863
61	马勒汽车技术（苏州）有限公司	新建汽车零部件研究开发中心项目	13617
62	宜致汽车安全系统（常熟）有限公司	迁建汽车安全气囊生产项目	13450
63	江苏佳世德检测技术有限公司	新建汽车零部件检测专用设备生产项目	13000
64	埃斯创（常熟）汽车空调系统有限公司	新建空调机及相关系统零部件生产和工业自动化控制系统装置制造项目	12888
65	新协基电子（常熟）有限公司	新建高强度电工特种导体及精密无氧铜杆生产项目	12650
66	吉丝特汽车安全部件（常熟）有限公司	扩建汽车安全气囊袋生产项目	12600
67	江苏亨睿碳纤维科技有限公司	购置设备生产碳纤维结构件项目	12103
68	常熟市昆承湖投资有限公司	高新区金门路道路改造工程项目	11696
69	常熟市人民政府东南街道办事处	小康村污水改造工程项目	10176

（高新区经统局）

高新区党工委

东南街道党工委

综　述

【概况】 2020年，中国共产党常熟高新技术产业开发区工作委员会（以下简称高新区党工委）、中国共产党常熟市东南街道办事处工作委员会（以下简称东南街道党工委）以习近平新时代中国特色社会主义思想为指引，深入学习贯彻党的十九大和十九届历次全会精神，全面加强党的思想建设、组织建设、作风建设和反腐倡廉建设，以党的建设为引领，紧扣市委“三增三进”［工业增投资、产业增载体、财政增收入，全市高质量发展考核“进等次”、开发区“进位次”、乡镇（街道）“进级次”］目标，围绕“促发展、补短板、解难题、精管理、抓落实”工作主线，统筹抓好疫情防控和经济社会发展。高新区（东南街道）全年完成地区生产总值245.85亿元，比上年增长16.37%；完成一般公共预算收入32.18亿元,比上年增长5.98%；完成工业总产值834.74亿元、工业开票销售收入852.45亿元，分别比上年增长15.53%和14.7%；完成全社会固定资产投资122.01亿元，比上年增长43.84%。

重要会议

【“不忘初心、牢记使命”主题教育总结大会】 1月21日，高新区召开“不忘初心、牢记使命”主题教育总结大会，总结过去一阶段主题教育开展情况，对下一步巩固深化主题教育成果工作进行部署。市委常委，高新区党工委副书记、管委会副主任王建国做总结讲话；市委第二巡回指导组组长黄雯华到会指导。

【加强新型冠状病毒感染的肺炎疫情防控工作会议】 1月29日，高新区召开加强新型冠状病毒感染的肺炎疫情防控工作会议，传达市委常委会议精神和上级关于疫情防控工作要求，听取相关部门负责人的情况汇报，明确防控工作关键，对防控工作短板做点评，对防控工作面临的困难做分析，对下阶段疫情防控工作做周密部署。市委常委，高新区党工委副书记、管委会副主任王建国讲话。

【庆祝建党99周年暨高质量发展推进会】 7月1日，高新区召开庆祝建党99周年暨高质量发展推进会，热烈庆祝中国共产党成立99周年，回顾总结高新区上半年高质量发展推进情况，部署安排下半年工作任务，表扬一批先进基层党组织、优秀共产党员和优秀党务工作者，动员全区各级党组织和广大党员干部不忘初心、牢记使命，加压奋进、狠抓落实，为实现“三增三进”目标的首战首胜而不懈奋斗。市委常委、高新区党工委书记王建国讲话。

【2020年度落实党风廉政建设责任制暨基层党建工作专项述职会议】 12月31日，高新区召开2020年度落实党风廉政建设责任制暨基层党建工作专项述职会议。市委常委、高新区党工委书记王建国代表高新区领导班子做党风廉政建设责任报告，并做抓党建工作专项述职。

（高新区党政办　东南街道综合办）

组织工作

【概况】 至2020年末，高新区党工委下设二级党委2个、党总支5个、基层党支部137个，在册党员1006名，其中预备党员22名。年内，新发展党员13名，其中高级知识分子2名；选拔任用28名股级干部。加强干部教育培训，举办优秀年轻干部培训班，召开业务交流会、好干部工作经验分享会等；加强年轻干部监督管理，形成“一人一档”调研报告，建立区管干部成长档案；设立昆承湾党性教育实训馆。苏州网禾科技服务有限公司整建置移至琴川街道党工委领导和管理。至2020年末，东南街道党工委下设二级党委1个、党总支3个、基层党支部39个，在册党员778名，其中，预备党员9名，年内，新发展党员9名，预备党员转正9名。做出人事调整25人。成立新冠肺炎疫情防控行动支部，完成东湖社区党组织换届试点。东南街道党群服务中心被评为苏州市“海棠花红”先锋阵地。

【干部队伍梯队建设】 2020年，高新区按规范程序完成区管28名股级干部的选拔任用，其中新提任正股级8名、副股级18名，35周岁左右年轻干部21名，择优晋升3名企业优秀人才，引入5名海外人才、1名青年专业人才，全年完成人事调整98人次。东南街道进行人事调整25人次，其中，提拔8人次，交流轮岗14人次，其他情况3人次。

【干部教育培训】 2020年，高新区与常熟经济技术开发区联合举办“雏鹰展翅”优秀年轻干部培训，组织开展专题讨论，开展高新区部门业务交流会、好干部工作经验分享会，增强年轻干部争先进位意识，提振干事创业精气神。对照《常熟高新技术产业开发区关于加强年轻干部队伍建设的实施意见》，高新区拓宽干部选用渠道，1人参加常熟市青年干部培训，1人到苏州工业园区任职交流，1人到科技部火炬高技术产业开发中心挂职学习，2人到市级机关挂职学习，5人在部门间轮岗交流。东南街道党工委出台《东南街道关于加强年轻干部队伍建设的实施意见》，搭建年轻干部交流平台。开展“基层有我”和“青年说”等干部轮训6次。

【干部监督管理】 2020年，高新区落实“三项机制”，严格执行干部个人有关事项报告制度，完成128名干部员工集中填报。举办4次年轻干部座谈会，跟踪了解年轻干部思想状况，形成一人一档调研报告。完成编内机关、事业、企业人员档案材料收集整理工作，围绕政治素养、工作态度、专业能力、工作业绩、担当精神、作风纪律六个维度，建立高新区区管干部成长档案。进行因私出国（出境）护照登记管理98人次，完成120名市管、区管干部个人信息更新。

【昆承湾党性教育实训馆】 7月，昆承湾党性教育实训馆开馆。实训馆位于常熟国家大学科技园B区2楼，建筑面积400多平方米。以昆承湖水上明珠为理念，设计初心昆承湾、旗帜昆承湾、红动昆承湾、书香昆承湾、感动昆承湾和党性熔炉六个区域，突出党性体悟和党务实训功能，设立党性体检、理论竞答、学习强国训练、党务分享沙龙、电子书瀑布、书记时间等学习、互动空间，成为区域内党组织和党员提升素质、学习交流和展示形象的共享平台。至年末，共接待到访参观学习400多人次。

【疫情防控一线筑起“红色堡垒”】 2020年初新冠肺炎疫情暴发后，高新区（东南街道）“战疫情、保平安”防控先锋行动支部立即成立，下派机关党员、干部及工作人员270多人支援一线防控工作；选派4名机关“第一书记”进驻重点村（社区）帮助开展疫情防控工作；引导市监局、派出所、交警等驻区单位党支部成立疫情防控行动支部，充分发动辖区党员群众，筑起疫情防控和复工复产的“红色堡垒”。同时，东南街道用好用活疫情防控专项党费，累计下拨专项党费、购买防疫物资经费共15.7万元。

【村（社区）党组织换届工作试点】 2020年上半年，东南街道开始进行村（社区）“两委”换届选举前期摸排调研工作。5月和8月，两次对7个村（社区）逐一分析研判、调查摸底，组织开展座谈交流、个别谈话121人次，并通过实地调研、民主测评，形成党组织书记和“两委”班子综合分析研判报告7份。8月，发出《关于成立东南街道村（社区）“两委”换届工作领导小组及班子领导挂钩联系点制度的通知》，成立换届工作领导小组，下设指导组和督导组，同时建立领导干部挂钩联系点制度，每个村（社区）均有1名街道领导挂钩联系，其中以小康村为重点村，由市委常委、高新区党工委书记王建国和东南街道党工委书记王维双挂钩联系。9

月底，进一步完善东南街道换届工作领导小组，增设应急组。同时由东南街道监督审计部门牵头，完成村（社区）书记离任审计和“两委”有关成员经济责任审计，未发现有影响换届的情况。10月底，东南街道召开村（社区）“两委”换届工作部署会，下发《关于做好东南街道村（社区）“两委”换届工作的实施意见》。11月10日，东南街道换届工作领导小组制订明确的工作人员分工表，召开由领导、指导组、督导组、应急组全程参与的第一次党员群众推荐会，各村（社区）完成第一次推荐。根据第一次推荐结果，11月13日东南街道党工委会议召开，完成第二次推荐。12月26日，根据上级统一部署，东湖社区作为党组织换届试点，召开党员大会进行换届选举，为东南街道其他村（社区）换届选举工作积累经验、提供借鉴。

【东南街道党群服务中心获评苏州市“海棠花红”先锋阵地】 2020年，东南街道认真落实“海棠花红”先锋阵地建设部署要求，探索特色功能，开展红色先锋阵地创建工作。进一步完善党群服务中心阵地功能，发布2020年度东南街道党群服务中心服务清单，集合各类党员便民服务30余条。建立“红色先锋站”例会制度，全年召开例会4次，发出“‘红色先锋站’全年计划表”及“‘红色先锋站’推进情况”月报表，加强指导力度。聚焦“聚合力”“青春密码”两大专场和“支部书记学堂”一个平台，在年内开展垃圾分类宣传、普法宣传和党务培训等专题活动、业务讲座等大型活动共50多场，由职能部门牵头、辖区单位共建、第三方力量支持、周边群众参与，增强街道党群服务中心的区域党建影响力。8月，东南街道党群服务中心被评为第二批苏州市“海棠花红”先锋阵地。

【东南街道干部人事档案专项审核工作】年内，东南街道填写各村（社区）工作人员履历表91份，核定村（社区）52名“两委”人员基本信息，建立一人一档“干部（职工）信息登记表”，完成“两委”档案“干部任免审批表”增补工作。完成所有村（社区）“两委”人员人事档案建档工作，提高人事档案管理工作标准化和制度化水平。

（高新区组织人事办　东南街道组织办）

纪检监督工作

【概况】 2020年，中国共产党常熟高新技术产业开发区纪律检查工作委员会（以下简称高新区纪工委）履行监督首要职责，创新工作机制，协助高新区党工委落实落细主体责任，抓好纪律教育和作风建设，发挥监督保障执行和促进完善发展作用，营造干事创业的清廉氛围和风清气正的政治生态，为高新区经济社会高质量发展提供坚强纪律保障。

【落实“两个责任”】 年内，高新区纪工委协同高新区党的建设部门制定全面从严治党“四张清单”，夯实责任落实基础，依托常熟市全面从严治党“两个责任”履职记实平台，上报监督责任履职信息112条。协助高新区党工委举行党风廉政建设专题会议4次、警示教育大会和专题廉政党课各1次，提交审议审阅廉情分析报告12件次。坚持抓早抓小，开展勤廉谈话43人次、“第一种形态”谈话2人次。严把选人用人政治关、品行关、作风关、廉洁关，回复党风廉政意见115人次。组织落实党风廉政建设责任制情况专项述职，加强“一案双查”和追责问责，制发违纪违法案件通报和纪律检查建议书各1份。

【履行政治监督首责】 2020年，高新区聚焦常态化疫情防控与复工复产、重大项目推进、安全生产专项整治、加强国资管理等重点工作，组织开展各类专项监督14项，推动政治监督具体化、常态化、制度化。结合2017年以来苏州市委巡察意见等专项整改落实情况，开展政治生态研判分析，形成2份专题报告和4个方面12条意见建议。2月初，下发《关于严明和重申新冠肺炎疫情防控期间相关纪律要求的通知》，明确严明政治纪律等6项纪律保障措施；2月至3月，持续开展疫情防控嵌入式督查，向高新区党工委报告针对各类问题的建议13条，督促在全市率先制定出台和优化调整工业企业复工流程，推动出台国内首创政府包机等11项举措，以严明的纪律规矩和精准的监督建议为经济复苏提供坚强保障。

【纪律作风建设】 2020年，高新区纪工委坚持抓重要时间节点与抓日常作风养成相结合，与市监委第一派出监察员办公室、东南街道纪工委交叉协作，开展公务加油卡和“私车公养”、违规收受礼品礼金购物卡、超标准公务接待等问题专项治理，分别于春节、五一、中秋国庆前后开展执行中央八项规定及其实施细则精神和财经纪律、工作纪律专项督查，共立案查处违反中央八项规定精神1人。结合安全生产专责监督，以及落实市关于党员干部“宅前屋后三包”示范制度、文明城市复评、垃圾分类等专项督查，重点检查督促党员干部严肃政治纪律和工作作风情况，整治形式主义、官僚主义、不作为不担当问题。运用市委出台的“三项机制”，对1起未经批准占用土地建设行为适用容错免责，鼓励党员干部敢于创新、勇于担当。

【国企党风廉政建设监督】 经高新区党工委同意，高新区纪工委将国有企业党风廉政建设列入2020年“一镇一专项”监督项目。9月至10月，对常熟市昆承湖开发

5 月，高新区纪工委举办“聚焦‘三增三进’、争做勤廉表率”演讲比赛决赛暨第十二个“5·10 训廉日”主题宣传教育活动（高新区党政办提供）

建设有限公司及其相关子公司自 2018 年 7 月 1 日至 2020 年 6 月 30 日期间，公司执行政治纪律、规范职权行使、严格选人用人、严肃财经纪律和其他涉及党风廉政建设的五个方面情况进行监督调研，梳理问题建议 4 类 12 项，向该公司和高新区党工委进行反馈和报告。

【党风廉政宣传教育】 1 月，高新区纪工委组织 180 多名党员干部集中观看反腐宣传片《莫让初心蒙尘》，开展“颂兰花清幽　倡廉洁美德　攀高奋进再出发”党风廉政建设主题教育活动。5 月，开展“聚焦‘三增三进’、争做勤廉表率”演讲比赛决赛暨第十二个“5·10 训廉日”主题宣传教育活动，首期聘任 12 名“星火”廉政宣讲团成员。8 月，组织高新区各部门分管负责人和党员干部代表召开党风廉政建设暨《公职人员政务处分法》专题学习会，开展党纪法规知识现场测试。年内，以高新区“星火”大党建品牌和市纪委“碧水琴川”廉洁文化品牌为引领，推出“星火·砺廉”廉政子品牌，统筹开展“四季砺廉”行动，推出廉政文化展板（电子屏）、编发廉政短信、印制《严实》简报、制作动漫视频等，扩大教育受众面，提升教育接受度。廉政动漫宣传片《镜鉴》和微视频《勤廉立身，筑梦前行》被“学习强国”平台录用，《镜鉴》在科技部火炬中心指导主办的第二届国家高新区微视频大赛中获奖。

【纪检干部队伍建设】 年内，高新区纪工委坚持政治建设统领，持续开展“打铁必须自身硬”专项行动，提高履职能力，组织党章党规党纪和安全生产、资产资源管理等政策法规学习，组织部分纪工委委员到先进开发区和周边乡镇对口学习交流基层规范化建设、国企监督等纪检监察工作经验，从外单位选调1名公务员充实纪检干部队伍，派人参加市纪委监委组织的业务培训和挂职锻炼。

（高新区纪工委　东南街道纪工委）

宣传思想工作

【概况】 2020年，高新区（东南街道）深入学习宣传贯彻习近平新时代中国特色社会主义思想，坚持围绕中心、服务大局、聚焦发展，统筹推进理论武装、舆论宣传、意识形态、文明文化等各项工作，承担起举旗帜、聚民心、育新人、兴文化、展形象的使命任务，各项工作取得明显成效。

【意识形态工作】 2020年，高新区党工委落实意识形态工作责任制，下发意识形态工作责任制任务1份和清单2份，调整完善党工委意识形态工作领导小组，强化党组织书记抓意识形态工作第一责任、分管领导直接责任、班子成员“一岗双责”。听取意识形态工作专题汇报2次，举办党工委理论学习中心组意识形态专题学习1次。利用每月例会定期分析研判意识形态领域情况，排查、汇总、分析各单位、各部门存在的矛盾隐患、网络舆情、投诉上访等问题，形成意识形态领域风险情况分析月报表，每月向高新区党工委、市委宣传部汇报，并持续跟进。对重大事件、重要情况、重要社情民意中的苗头性和倾向性问题，及时进行引导和处置。将意识形态工作纳入党的纪律尤其是政治纪律的检查，做好干部意识形态工作考核。

【理论武装工作】 2020年，高新区纪工委以习近平新时代中国特色社会主义思想和党的十九届四中、五中全会精神为重点，通过“三会一课”、党员冬训、“弘扬‘三大法宝’，再创‘火红年代’”主题大讨论、“昆承先锋”讲堂和中心组学习等形式对党的政策方针进行宣讲，做好省、苏州市和常熟市关于意识形态相关文件及会议精神的传达学习。做好“学习强国”平台的推广使用和日常供稿工作，全区有800多名党员参与学习，整体学习参与度在85%以上，其中机关党员干部每日的学习参与率在98%以上，并将学习人群向党外干部职工拓展。先后举行“点赞中国之治”“聚焦‘三增三进’、争做勤廉表率”“我身边的小康”等演讲比赛，成立星火理论宣讲团。向全区党员群众赠送《习近平谈治国理政》第三卷、《中国制度面对面》等书籍，让党的声音传得更开、传得更广、传得更深入，夯实共同奋斗的思想基础。

【对外宣传工作】 2020年，高新区继续加强与市融媒体中心的合作，建立市融媒体中心高新区分中心，开展“走进高新区”主题新闻行动，全面加大高新区对外宣传力度。以“常熟国家高新区”“常熟国家大学科技园”等网站、微信公众号为主体的新媒体宣传阵地累计推送各类信息900多篇。高新区微信公众号做到每日更新，头条文章平均阅读量超1500人，获评2020年度国家高新区优秀政务新媒体。同时，在区内主要路段建设大型公益广告牌，宣传党的路线方针政策、社会主义核心价值观、扫黑除恶等方面的内容。高新区创新外宣工作方式方法，运用微视频的手段传递高新区声音、讲好高新区故事。参与第二届国家高新区微视频大赛并获优秀组织奖，《镜鉴》获动漫类优秀作品奖，《追梦·常熟高新区》《守护碧水蓝天，为高质量发展提供绿色保障》获优秀作品奖。

【文明创建工作】 2020年，高新区（东南街道）充分发挥“区街一体”优势，制定“文明+”系列“作战图”，全面打造区域新时代文明实践品牌。以政府主导、综合体引领、餐厅联盟参与的形式，开展“小餐桌大文明，健康新‘食’尚文明餐桌行动”；以完善居民生活基础设施配套工程为抓手，开展“小菜篮大民生，文明新市场”集贸市场升级改造；以“教育一个孩子，带动一个家庭，影响整个社会”为理念，开展“垃圾分类达人家庭挑战赛”。依托新时代文明实践体系，培育“微爱大义　闪耀光芒”东南志愿服务品牌，多层次、多渠道整合文明实践志愿服务资源，推动志愿服务参与社会治理。注重发掘“本土元素”，以“最美人物”韩启航、“道德模范”王桂英、“江苏好人”杨利刚等典型为引领，广泛开展“身边的好人好事”评选活动。开展“文明单位”“文明村（社区）”等的创建行动。

（高新区党政办　东南街道宣统办）

统一战线工作

【概况】 2020年，高新区（东南街道）坚持抓好统战促发展的工作思路，以打造最优环境为支撑，以推动高新区跨越发展为抓手，充分发挥统战工作在高新区经济建设发展中的优势，推动高新区经济社会高质量发展。

【强化组织领导】 2020年，高新区将统战工作作为抓思想、抓资源、抓招商引资和项目建设的有效途径，召开统战工作专题研究会，将统战工作与中心工作同部署、同安排，落实分管领导和专人具体负责。定期召开高新区统一战线工作座谈会，听取相关情况汇报，掌握各方面统战对象的基本情况。结合统计工作，对高新区非公经济组织、港澳台企业、华侨华人“双创”企业等进行摸底排查，录入数据库。

【意见建议征集】 2020年，高新区以开展大走访活动为契机，征集投产企业和在建项目的各类问题，以及如何促进高新区良性发展的意见和建议。对于征集到的问题和建议，及时纳入议事日程，明确责任，限时解决。高新区实行重点项目定期分析会制度，先后多次召开重点项目建设工作会议，加强企业生产调度和重点项目协调服务工作。在做好企业服务的同时，高新区将统战工作与服务企业相结合，开展专题调研走访活动，领导班子成员深入企业，了解企业经营现状和干部职工思想动态，在促进企业生产调度和转型升级的同时，增强企业特别是台资企业人员的认同感和归属感。实施环境优区战略，组织开展讨论活动，就如何改进机关作风、加强效能建设和班子建设征求统战对象代表人士的意见和建议，及时整理上报，为高新区党工委、管委会领导决策提供参考，进一步优化区内投资软环境。

【侨务工作】 2020年，高新区依托常熟国家大学科技园，支持华侨华人和海外归国人员创新创业，获批省级“华侨华人创新创业服务中心”。截至年末，引进华侨华人及留学回国人员创业企业72家，华侨华人创业企业均入选常熟市科技创新创业领军人才计划，其中入选国家“千人计划”8人、省“双创”人才计划14人、姑苏创新创业领军人才计划26人。园区累计引进华侨华人615名，其中博士168名、硕士310名。通过组织开展“服务侨胞　聚力三进”专题活动、第二届“昆承杯”足球联赛等丰富多彩的活动，进一步加强与区域内华侨华人的交流联系和互动合作。1月，中国常熟世界联合学院挂牌“江苏省华侨文化交流基地”。年内，克服疫情影响，通过“云招商”“屏对屏”的方式，推进与海内外招才引智渠道的合作，全方位宣传展示高新区新侨双创基地的创新创业环境。9月，联合市委统战部举办2020年常熟精英创业联盟大会，通过人才项目合作、专题研讨交流等方式，为旅居海外的科技人员回常熟创新创业发展搭建平台。

【常熟市新的社会阶层人士联谊会高新区分会成立】 年内，常熟市新的社会阶层人士联谊会高新区分会（以下简称高新区新联会）成立，初步建立区域内新的社会阶层代表人士信息库。高新区有外资企业236家，从业人员约4.6万人，中方管理和技术人员4000多人。高新区以重点规模企业中层以上管理人员和中级以上技术人员中的党外代表人士为主，分层次、分重点抓好代表人士队伍建设，与代表人士联谊交友。年内，组织高新区新联会开展“全面小康　奋斗有我”学习实践活动，为会员送上《习近平谈治国理政》第三卷、

《中国制度面对面》等书籍；组织会员赴费孝通江村纪念馆、叶圣陶纪念馆、苏州革命博物馆等地参观学习；组织参加市新的社会阶层人士联谊会组织的夜经济推广活动和“学习强国”学习活动。

【统战维稳工作】 2020年，高新区有港澳台企业166家（其中台资企业37家），有200多名海外归国人员。高新区配合相关部门做好统战领域意识形态工作，最大限度地把他们团结起来，引导他们爱国、敬业、诚信、守法、贡献，自觉接受党的领导。做好民族宗教事务，重点协调新世电子等少数民族和信教职工较多的企业依法进行宗教活动。进一步密切与党外人士，特别是港澳台同胞、华人华侨、高层次人才的联系，畅通他们反映意见和建议的渠道，依法维护他们的合法权益，鼓励和帮助他们发展事业，为他们的生产、生活创造便利。配合相关部门发放宣传资料，扩大高新区统战工作影响力。

【统战人士教育培训】 2020年，高新区党工委中心学习组学习党的统战理论、路线、方针和政策，熟悉统战工作规律和方法，掌握统战领域的专门知识，为开展工作奠定扎实基础。高新区把党外代表人士建设纳入高新区人才和干部队伍建设总体规划，与中心工作统筹规划。全面提高党外人士综合素质，把政治素质好、有较广泛的代表性、较强参政议政能力和组织能力的党外代表人士列入后备培养计划。以区内“两新”组织为依托，组织相关企业负责人学习习近平新时代中国特色社会主义思想和党的十九大精神，提高非公企业负责人参与政治活动的积极性和主动性，坚定走中国特色社会主义道路的信心和决心。

（高新区党政办　东南街道宣统办）

非公企业党的建设

【概况】 截至2020年末，高新区党工委下辖非公企业党组织118个、党员790名，全年新增“两新”党组织36个。东南街道党工委下辖非公企业党支部10个，其中独立党支部6个、联合党支部4个，有党员28名。东南街道党群服务中心设2名非公领域党建专职工作人员。

【“星火”大党建品牌发布】 7月16日，高新区“星火”大党建品牌发布会在常熟国家大学科技园举行。高新区根据党建实际和产业、区位特色，打造“星火”大党建品牌，“聚是一团火，散作满天星”，“星火”品牌将统领组织、纪检、宣传、统战、人才以及工青妇等各项工作，实现品牌统一、资源统合、平台统建、阵地统理、活动统筹、保障统贯。市委常委、高新区党工委书记王建国，市委组织部副部长、党建办主任、市级机关党工委书记周春阳出席。

【“星火炬力”书记项目】 2020年，高新区全面贯彻落实新时代党的建设总要求，发挥区内党建领头羊企业延锋安道拓党支部作用，联动多家外企党组织签订共建协议，形成党建协作“星火矩阵”，开展外企党建“星火炬力”行动，并以此作为年度书记项目。“星火炬力”行动主要通过建立需求、资源、项目3张清单，引导各成员单位根据自身资源优势及需求进行双向认领。打造红色、行动、先锋3个矩阵，开展“星火炬力、安全同行”系列活动和技能比武，打造外企发展“加油站”。通过“智造创新的奋斗故事”“永远的沙家浜精神”等开放式主题党日活动，助力企业发展。建设党建惠企、文化品牌、红色宣讲3大项目，建立机关与企业党组织互动机制，构建服务企业绿色通道，开展“昆承杯”足球联赛、“星火”主题定向赛，打造高新区特色文化名片。组织外企党组织书记和技术研发骨干成立“星火”宣讲团，讲党的理论、讲常熟发展故事、讲“工业4.0”，在助力企业发展中展示先锋形象。

【人才故事分享会】 7月31日，高新区人才故事分享会暨“扬劳模精神　展工匠风采”主题宣讲在昆承湾党性教育实训馆举行，来自昆承湾党建联盟成员单位的党员代表及高新区基层工会主席代表参加活动，高新区创新型科研人才、党员劳模陈曦博士做劳模精神的主题宣讲。人才故事分享会旨在弘扬“爱岗敬业、争创一流，艰苦奋斗、勇于创新，淡泊名利、甘于奉献”的劳模精神，把“不忘初心、牢记使命”作为加强党的建设的永恒课题和全体党员、干部的终身课题。

【“坚守初心担使命，不负韶华砥砺行”集中党日活动】 10月24日，高新区“坚守初心担使命，不负韶华砥砺行”集中党日活动在沙家浜红色革命教育基地举行，全区“两新”组织党员参加活动。通过党性现场教学、敬献花篮、重温入党誓词，重走芦苇荡、观看抗战实景剧《芦荡烽火》等，引导党员传承沙家浜“芦荡火种”革命精神，坚定继承革命传统的决心。

【“虞”路同行——“星火”主题定向赛】 11月28日，高新区党工委、总工会、团工委联合开展“星火”主题定向赛，外企“星火矩阵”成员单位党员、职工代表参加。参赛者按照要求完成定向越野折返、筑塔接力、知识竞答等任务，增强协作精神和集体荣誉感，学习党史和工会、共青团知识。

【非公领域7个党支部成立】 2020年，东南街道党工委落实市“两新”党组织“百日攻坚”组建要求，对辖区内的社区组织、村级工业坊、沿街商铺和商超综合体进行排查，建立党员信息库。经过走访发动、政审推荐等步骤，成立小康中宏集贸市场党支部、昆承村企业第二联合党支部、苏锋村工业坊企业第二联合党支部、绿盛食品销售有限公司党支部、东南邻里生活广场党支部、金仓集贸市场有限责任公司党支部和永旺梦乐城（常熟）商业管理有限公司党支部。

【永旺商圈党建联盟成立】 2020年，东南街道通过党建引领探索区域内联盟式党建发展模式，以党建联盟带动非公企业、楼宇商圈等新兴领域党建连接贯通、融合发展，由街道牵头驻区单位、学校、村（社区）和永旺梦乐城、东南邻里中心、华发集团、华润置地4家单位开展联合共建，形成以永旺梦乐城为代表的红色商圈党建联盟。永旺梦乐城挂牌5个党员经营户，发挥党员文明经营示范作用。

【党建联盟促文明活动】 年内，以永旺梦乐城为中心，永旺商圈党建联盟开展党建促文明活动，组织开展“小餐桌大文明——文明公筷行动”“五一大走访志愿服务行动”“2020年全市垃圾分类达人家庭挑战赛”“食品安全宣传培训”等一系列共建活动11场。与市监局高新区分局签订共建协议，成立“永旺文明志愿服务队”，推动打造党建共商、资源共享、活动共办的和谐商圈环境。

（东南街道组织办）

人民武装

【概况】 2020年，东南街道人民武装部（以下简称东南街道人武部）坚持党管武装，深化民兵组织调整改革，提高民兵队伍整体素质，开展“双拥”工作，有序组织征兵工作，按时完成各类军事训练任务。

【民兵整组】 2020年，东南街道人武部按照市人武部部署要求，加强民兵组织建设，规范组织建设的内容，改进编组方法，扩大组建范围，优化整体结构，提高兵员质量，实施规模调整。6月1日，市人武部对东南街道民兵组织完成点验。

【征兵工作】 年内，东南街道人武部依法开展兵役登记工作，通过分发征兵宣传手册、悬挂征兵宣传横幅、入户宣讲、微信公众号发布等形式加强宣传动员，营造“一人参军，全家光荣”的良好氛围，完成2020年度征兵任务。

【军训备战】 2020年，东南街道人武部按照年度军事训练安排，组织参加市人武部各项民兵训练，包括应急连训练4人、专武干部集训2人、安全警戒分队集训7人、民兵情报信息分队集训1人。自行组织民兵应急分队进行军事技能训练，提高基干民兵应急处突能力。

（东南街道人武部）

东南街道人大工委·政协工委

人大工委工作

【概况】 2020年，常熟市人大常委会东南街道工作委员会（以下简称东南街道人大工委）履行民主监督职责，推进街道工作民主决策和议政代表会议制度实践。年末，高新区（东南街道）有苏州市人大代表2名、常熟市人大代表8名，东南街道有街道人大工委议政代表28名。

【政情通报会】 7月14日，东南街道办事处召开政情通报会，东南街道人大工委议政代表参加。会议听取东南街道党工委副书记、办事处主任王维做的2020年东南街道工作总结和下半年度重点工作安排。

【代表建议督办】 年内，东南街道人大工委开展代表意见、建议领导交办、督办，东南街道办事处将第一届议政代表大会第二次全体会议上提出的17条意见、建议进行分解，交部门协调解决。对其中困难较大的问题，由东南街道党工委主要领导督办。所有意见、建议办理均按规定期限向东南街道人大工委议政代表做出书面答复，代表满意率100%。

【代表视察】 4月17日，市人大常委会主任杨崇华率领市人大常委会全体领导对服务业复工复产情况开展调研，副市长雷波和市有关部门、东南街道办事处负责人参加调研。视察调研高新区永旺梦乐城的疫情防控工作、复工复市整体运行、商铺招商、空置（闲置）商业面积、销售营业额、物业房租减免等情况。5月28日，东南街道人大工委组织各级人大代表和街道人大工委议政代表对高新区（东南街道）河长制落实情况进行专题调研。东南街道党工委副书记郭晓峰参加调研。东南街道人大工委议政代表听取落实河长制工作的情况介绍，对河长制长效管理机制的建立和落实提出意见和建议。

【议政代表评议】 7月14日，东南街道人大工委组织街道人大工委议政代表对东南街道司法所、环管物业办、房屋征收办、东南水利站、东南派出所的工作开展评议，并汇总整理评议意见，上报给市人大常委会。

【人大代表统一接待日活动】 8月31日，东南街道人大工委开展人大代表统一接待日活动，各级人大代表和街道人大工委议政代表与17位选民代表进行面对面交流。选民代表围绕营商环境优化、环境卫生整治、辖区停车难等问题提出意见、建议16条。东南街道人大工委梳理后提交相关部门办理。

【考察学习】 7月30日，东南街道人大工委组织议政代表开展“弘扬爱国奋斗精

神　建功立业新时代——走基地、看成就、聚力量”主题教育活动，参观“昆山之路”展示馆、穹窿山谍战影视馆、苏州市宪法教育馆。

（东南街道综合办）

政协工委工作

【概况】 6月，中国人民政治协商会议江苏省常熟市委员会东南街道工作委员会（以下简称东南街道政协工委）成立，有9名市政协委员。东南街道政协工委履行参政议政、民主协商、民主监督职责，创新工作思路和工作机制，围绕中心、服务大局、建言献策；引导委员加强理论学习，不断提高工作水平和工作质量。

【集体提案】 2020年，东南街道政协工委注重结合实际加强政协委员实践学习，探索在围绕中心、服务大局中发挥作用的新途径，提高参政议政能力。组织政协委员以“进一步加快发展东南街道村级集体经济”为主题开展多次调研活动，提出《关于进一步加快发展东南街道村级集体经济的建议》的集体提案，并提交东南街道党工委研究。

【社情民意收集传达】 2020年，东南街道政协工委组织政协委员深入基层、贴近群众，召开协商会议，了解实际情况，把群众提出的“关于增加宴客场所空旷地块的建议”和“关于重新合理规划金仓集贸市场的建议”传达给有关部门。

【民主监督】 2020年，东南街道政协工委坚持围绕中心不偏航、服务大局有作为，把协商聚焦到重点、难点问题上来，推动政协工作迈上新台阶。政协委员定期到基层了解民声，督促有关部门将与群众息息相关的信息及时公布，记录反馈群众意见。

（东南街道政协工委）

高新区管委会
东南街道办事处

综　述

【概况】　常熟高新技术产业开发区（以下简称高新区）为国家级高新技术产业开发区，重点发展汽车及核心零部件、先进装备制造、新一代信息技术、现代服务业等主导产业，并正积极布局氢能源汽车、人工智能、数字经济、金融科技等新兴产业。2020年，常熟高新技术产业开发区管理委员会（以下简称高新区管委会）以习近平新时代中国特色社会主义思想为指引，认真学习贯彻党的十九大和十九届历次全会精神，紧扣市委、市政府工作目标和主线，围绕打造高质量产业体系、培育高效益产业生态、构筑高品质营商环境、建设高颜值南部新城，攻坚克难谋发展，聚精会神搞建设，多项指标稳健增长，经济社会高质量发展取得新成效，全年完成地区生产总值245.85亿元，比上年增长16.37%；完成一般公共预算收入32.18亿元，比上年增长5.98%；完成工业总产值834.74亿元、工业开票销售收入852.45亿元，分别比上年增长15.53%和14.7%；完成全社会固定资产投资122.01亿元，比上年增长43.84%，其中工业固定资产投资68.52亿元，增长48.47%；完成进出口总额41.1亿美元，其中出口20.1亿美元。完成高新技术产业产值403.49亿元、先导产业产值143.78亿元，分别比上年增长16.1%和14.2%，占规模以上工业企业产值比重分别为50.48%和17.99%。完成服务业开票销售收入208.39亿元，比上年增长3.82%。全年税收3000万元以上企业中，有44家工业企业亩均税收超50万元，其中18家超100万元。在科技部火炬中心公布的全国国家高新区综合排名中列第69位，比上年前进3位。

【开发建设】　2020年，高新区管委会围绕长三角区域一体化发展要求，从产城融合、合理开发、完善配套、职住平衡等角度推进南部新城东部中片区、核心片区等多个区域规划编制工作，启动高新区水土保持方案区域评估及文物资源区域评估工作。统筹推进基础设施建设，世华学校建成投用，启文学校、波司登凯悦酒店加快建设，日航国际社区、华发未来城、金茂智慧科学城建设相继启动；东南大道改造全新亮相，银丰路、丰树路竣工投用，金门路、银通路全线贯通，常台高速常熟互通连接工程按序推进。推进项目建设，大陆汽车电子空气悬挂、正力新能二期、雅博尼西医疗器械等总投资99亿元的28个项目开工建设，中稀东洋永磁驱动电机、擎动新能源、匠岭半导体等总投资近48亿元的20个项目竣工。探索工业投入多元化格局，鼓励存量企业增资扩股、增添设备，加大技改投入和技术创新投入。敬鹏电子、凯毅德、三菱电机自动化等66家企业增加设备投入资金超30亿元，45

家企业新增智能化设备933台。

【招商引智】 2020年，高新区完成注册外资4.6亿美元，增长10%；到账外资2.5亿美元，增长25%；注册内资45亿元，增长27%。全年累计新签约项目90个，总投资122.3亿元。其中，新引进世界500强企业投资项目6个，总投资超1亿美元和总投资超10亿元项目各5个。区内规模以上工业企业亩均税收28万元，税收超1亿元企业12家；汽车零部件产业产值增长16.8%，新能源汽车产业产值占汽车零部件产值比重57.4%，增长5.7%；培育孵化数字经济产业企业累计200家，年产值超60亿元。获批国家新型工业化特色产业示范基地、国家汽车零部件高新技术产业化基地，入围江苏省大中小企业融通型特色载体和江苏省创业投资集聚发展示范区，国家大学科技园获评苏州市十大数字经济产业园。设立常熟高新区驻日本东京招商代表处、驻挪威办事处、驻北欧办事处，举办2020年中挪（北欧）常熟经济合作云推介会，挂牌成立中挪（北欧）节能与环保创新产业园。新认定高新技术企业50家，其中净增28家；英华特公司纳入2020年度苏州市“独角兽”培育企业库，成为全市首次入选的2家企业之一；亨弗劳恩获评常熟市首家由外企设立的新型研发机构。新增国家领军人才1名、省“双创”人才5名、姑苏人才10名、常熟市领军人才31名；新增国家级众创空间3个、省级1个，新入驻创新团队43个；新申请发明专利731件、授权118件，发明专利拥有量超1000件，数量均居全市第一。省级智能网联汽车先导区加快建设，引进京东物流智能发展研究院，成为全球首个智能配送城；智能液晶所、金属所等建成13个研发中心，累计引进孵化项目超50个。

【管理服务】 2020年，高新区管委会面对突发的新冠肺炎疫情，迅速成立疫情防控指挥部，组织、指挥疫情防控工作。成立37个企业复工辅导组，前后3轮深入企业，发放宣传资料5000多份。针对部分日资企业高级管理人员及技术人员受国际航班管控无法到岗的难题，高新区采取国际包机的方式，接80名日资企业人员入境复工，被海内外100多家媒体报道。聚焦社会治理精细化，实施“三网”融合的社会治理新模式，城市管理工作实现全市考核“三连冠”，联动网格工作在全市考核中名列前茅。创造性建设智能化垃圾投放点，建成常熟首个无垃圾桶商业街，率先通过苏州市垃圾分类全覆盖片区验收，在全市考核中排名第二。推进农村天然气扩面和污水管网工程，年内建设污水管网17.5千米、雨水管网3.8千米。开展“人人参与、净美家园”专项活动，每周六机关干部常态化到基层，完成敬鹏电子河、毛北河、卫东河等河道治理，开展小尤泾、丰田环河、金门河生态美丽河湖建设，农村人居环境及河长制（农村河道长效管理）在全市考核中均位列第一。举办第二届“昆承杯”足球联赛。加强基层体育场地设施建设，新建滨湖公园，打造集娱乐性、休闲性、开放性、多功能性于一体的区域体育综合体。教育资源进一步优化配置，扶持各级各类教育，各校特色教育成果显著。落实河（湖）长制，昆承湖生态修复项目持续实施，昆承湖及周边河道水质得到提升。深入开展安全生产大排查大整治、工业集中区综合整治等各类安全生产专项整治，安全生产事故和火灾事故都比上年下降。持续推进“331”专项整治常态化管理，推进“安居超市”隐患清零工作，全面开展“9+1”专项整治。常态化开展环保检查，推进重点环保项目改造，落实大气管控相关措施。深入开展扫黑除恶专项斗争，推进信访维稳工作，提高网格化联动机制效能，做好矛盾纠纷排查化解工作。

（高新区党政办）

东南街道便民服务中心

【概况】 7月，东南街道便民服务中心（高新区综合服务中心）经重新装修、功能整合，全面开放办公，设市场准入、社会保障、民生综合、权证税费等综合窗口，融入公共资源交易功能。截至年底，总计办理147814件，其中服务类事项131473件，行政许可类事项7572件（办理营业执照4272件，其中新设立内资公司576家），行政确认类事项8769件。2020年，获“常熟市文明单位”“常熟市优秀巾帼文明岗”“苏州市青年文明号”荣誉称号。

东南街道便民服务中心前台（高新区党政办提供）

【获“常熟市文明单位”称号】 2020年，东南街道便民服务中心坚持以“便民、快捷、高效”为宗旨，以“热情、严谨、务实”为态度，努力做到“服务零距离、办事零差错、服务行为零投诉”。定期组织多形式、分层次、全覆盖的学习培训，夯实基层基础，发挥党员、先进分子的示范引领作用。提供免费复印、直饮纯净水、自助查询、24小时自助服务区、无障碍通道和电梯、残疾人停车位、母婴室、阅览区等，设有志愿者服务点；组织工作人员参与村（社区）人居环境整治、文明城市创建、垃圾分类等志愿活动。在创建文明单位过程中全体工作人员展现服务新姿态，树立文明好形象。

【获“常熟市优秀巾帼文明岗”称号】 2020年，东南街道便民服务中心有女性工作人员36名，占东南街道便民服务中心人数的68%。各业务窗口女性工作人员推进“综合受理、分类审批、一窗发证”的政务服务模式，实现让群众和企业办事“最多跑一次”“一事跑一次”“一事跑一窗”的目标。工作之余加强各类业务培训，不断提升个人综合素质。在创建优秀巾帼文明岗的过程中，女性工作人员立足岗位，团结合作，扎实做好本职工作。

【获“苏州市青年文明号”称号】 2020年，东南街道便民服务中心有工作人员51名，其中青年37名，占总人数的72.55%。东南街道便民服务中心充分发挥团员青年的主力军作用，创建学习型、团队型、服务型集体。加强团队建设，创建一流队伍；建立健全各项规章制度，加强行政效能建设；整体部署考核任务目标，业务工作精细化；优化服务环境，加强创建宣传工作；提升团队业务工作能力，推进培训及各类活动；强化内部档案管理工作，建立完善工作台账；激励工作业务创新，提升便民服务质量。

【24小时自助服务】 年内，东南街道便民服务中心升级改造后设24小时自助服务区，配置功能强大、操作简单的智能化终端设备，自助设备为智能一体机，业务包含水务、税务、天然气、社会保障、证照打印5类。

【“不见面”审批服务】 9月18日，东南街道便民服务中心市场准入窗口在网上为常熟市佳诚人力资源有限公司完成营业执照、公章刻制、银行开户、税务套餐全部办理，申请刻章费用减免到账。

【“就近办”服务】 年内，东南街道便民服务中心推进“就近办”服务，建成村（社区）政务服务网络，便民服务事项向村（社区）下沉，到年末，高新区（东南街道）7个村（社区）可办政务事项达到56项。

【综合窗口服务】 年内，东南街道便民服务中心准入窗口、民生综合窗口（包含新市民积分管理窗口、市民卡窗口、计生窗口）实现综合窗口服务，做到“一窗受理、集成服务”。

【公共资源规范交易】 2020年，东南街道公共资源交易中心重新修订《东南街道工程建设实施办法》《东南街道政府采购实施办法》《东南街道集体资产交易实施办法》，新增《东南街道招投标诚信考核办法》，明确东南街道公共资源交易规范、部门职责、审批程序、纪律责任等。截至年末，东南街道公共资源交易中心受理农村集体资产交易、工程建设招投标、政府采购等各类项目共计 580 项，成交金额 1.03 亿元。被评为 2020 年“苏州市农村产权交易工作先进集体”。

（殷维）

常熟市新市民事务中心东南分中心

【概况】 2014 年 1 月，常熟市新市民事务中心东南分中心（以下简称东南分中心）成立。2020 年，东南分中心线上、线下共受理新市民积分申请 2058 人。其中受理积分入学申请 140 人，获得入学准入资格 56 人；积分入医申请 1947 人，获得入医准入资格 1508 人；积分入市民卡申请 1271 人，获得入市民卡准入资格 1270 人。接待积分咨询 1800 多人次；完成历年积分入学出租房屋复检 333 户，复检完成率为 100%。2020 年，东南分中心获评“常熟市优秀分中心”、东南街道“攻坚克难”先进集体。

1 月 8 日至 9 日，东南街道新市民积分管理政策培训会召开（高新区党政办提供）

【新市民积分管理政策宣传】 1 月 8 日至 9 日，东南分中心工作人员先后到常熟市东南幼儿园、常熟市东南实验小学举办新市民积分管理政策培训会，500 多名新市民参加培训。学校做以房入学政策宣讲，对产权房的权属、学位、面积和入学流程等要点做详细讲解；东南分中心从积分管理的积分体系、申请条件、时间节点、办理流程和注意事项以及如何进行居住信息自主申报和资讯平台查询等多方面向新市民宣讲，现场发放积分管理告知书、计分表、申请办事指南、告新市民的一封信、告全市出租房屋房东的一封信等宣传资料 3500 多份，做好答疑解惑和指导工作。

【新市民信息采集管理】 2020 年，东南分中心根据疫情防控需要，做好苏城码和常熟数字门牌扫码达标双 100% 的宣传推广和应用工作，会同东南派出所共发放自主申报“一封信”约 10 万份，推送相关短信约 6 万条，新市民居住信息自主申报 130724 人次。开展为期 3 个月的新市民基础信息采集专项行动，收集数据包括新市民姓名、身份证号码、联系电话、居住详址、自有房产人同户人员数以及来常来区人员居住轨迹等基本信息，共收集新市民信息 31068 条，经过数据比对、查漏补缺，核实登记新市民信息 2990 人；采集新市民党员基本信息，新市民党员登记 294 人。

【消防知识宣传】 1 月 8 日，东南分中心联合市消防救援大队东南中队在常熟市东南幼儿园举办新市民消防安全知识讲座，300 多名新市民参加。培训采用 PPT 课件、视频等方式，结合典型火灾事故案例，从身边存在的“六类安全隐患”（占用或堵塞消防通道、居民楼道火灾隐患、居民消防安全意识淡薄、出租房屋、住宅隐患问题、电动车的放置与充电安全）、消除住宿场所以及门面房“三合一”隐患的有效措施等多个方面向新市民阐述火灾的危害性和消防安全的重要性，讲解火灾的发生原因和如何预防火灾、正确报警、开展家庭火灾隐患排查，传授火场逃生要诀，呼吁大家在日常生活中要防患于未然，杜绝消防安全隐患。

1 月 8 日，东南街道新市民消防安全知识讲座举行（高新区党政办提供）

7 月 27 日，新市民职业技能培训举行（高新区党政办提供）

【新市民职业技能培训】 7 月 27 日，东南分中心联合高新区组织人事劳动局人力资源和社会保障中心举办新市民职业技能培训，25 名新市民参加。培训内容包括母乳喂养、包裹婴儿等婴儿护理知识，经考试合格，24 名新市民获得育婴员初级职业资格证书。

【在线申请市民卡和申领电子居住证培训】 4 月 3 日，东南分中心工作人员到市消防救援大队东南中队开展“情系虞城，精致服务”——“不见面”在线申请市民卡和申领电子居住证业务培训，20 多名新市民消防队员参加。以上门“贴心办”的工作方式，给消防子弟兵进行“不见面”在线申请市民卡指导，介绍市民卡的应用类别和用途、在线申请条件、流程简化对比、

4月3日，东南分中心开展“情系虞城，精致服务”——“不见面”在线申请市民卡和电子居住证业务培训（高新区党政办提供）

12月，东南街道新老市民“虞城无诈”宣讲会举行（高新区党政办提供）

申请操作流程等，并就本年度的积分管理政策新规定及注意事项等政策性内容进行详细阐述和解答指导。

【“五进”宣传防诈骗】 年内，东南分中心先后2次召开“虞城无诈”专项宣传工作会议，快速组建志愿宣传队伍，深入基层，广泛开展防范电信网络诈骗宣传。以新市民信息采集管理、出租房屋复检、新市民各类社会融合活动等为契机，通过“五进”（进社区、进单位、进市场、进学校、进家庭）方式，面对面向新老市民进行防诈宣传，不断提高群众防骗意识。常设宣传专窗，以主动告知、发放宣传资料、签署“防诈骗告知书”等方式，有针对性地对来访办事群众进行一对一宣传，阐述电信诈骗的危害性，普及反诈常识。以入户走访、走街进巷等形式开展志愿宣传，增强居民小区、沿街商铺、出租房屋等场所新老市民的防骗意识。东南分中心“五进”宣传共发放资料8000多份，窗口发放1700多份，课件宣讲听众600多人，宣传覆盖人数共计超1万人次。

【新市民党员参观活动】 5月30日，东南分中心联合古里、碧溪新市民分中心，组织30名新市民党员代表开展“千村美居，共享共治”新市民党员参观活动，先后参观了浒西村搁墩湾、李袁村西郭家巷、三湾村顾家巷、吴市仲国鋆老宅和李袁名人馆（黄人纪念馆），聆听红色故事，感受

5月30日，“千村美居，共享共治”新市民党员参观活动举行（高新区党政办提供）

第二故乡的发展变化，传承初心使命。

【新市民党员法治体验行】 6月27日，东南分中心联合东南街道司法所及碧溪、古里新市民分中心，组织18名新市民党员代表开展“同心传承使命初心，同德坚守法治信仰”——建党99周年新市民党员法治体验行。活动以“革命传统铭记在心，不忘初心、牢记使命，自律坚守法治信仰”为主题，新市民党员参观常熟党史馆暨李强革命历程展示馆，在党旗下重温入党誓词，在学思感悟中汲取奋斗力量。参观常熟法治雕塑广场的20多个法治雕塑区，感受清廉气息，增强法治意识和法治信仰。

6月27日，建党99周年新市民党员法治体验行活动举行（高新区党政办提供）

【新市民参加“学习强国”学用挑战赛】 11月上旬，东南分中心组织150多名新市民参加常熟市“学习强国”学用挑战赛，先后组织新市民在“看常熟”App中参与线上答题，推荐参赛选手进入线下复赛等，新市民主动学习，使线上学习成为常态，线下学习融入日常，营造“比学赶超”的浓厚学习氛围，增强干事创业热情。

11月9日，东南分中心组织新市民参加常熟市“学习强国”学用挑战赛（高新区党政办提供）

【青少年暑期安全实践教育】 8月7日，东南分中心联合东南街道启文社区、新康物业管理公司等单位，组织20多名新市民子女到市消防救援大队东南中队开展“七彩的夏日”社会实践活动，新市民子女参观消防装备库、消防技能训练场、营房内务室等，认识消防水枪、安全防护服、

8月7日，新市民子女“七彩的夏日”暑期实践教育活动举行（高新区党政办提供）

消防水带、切割器具等消防设备，获知各类消防器械的用途和操作常识；在消防队员的指导下，登上云梯进行高空灭火体验。

（东南分中心）

信访工作

【概况】 2020年，东南街道信访矛盾热点问题主要集中在劳资纠纷、新村封闭式管理、老旧工业坊改造、城管执法等方面。东南街道信访部门细致摸排矛盾纠纷，热情接待来访群众，依法处理信访事项，严密稳控重点人员，落实“领导包案制度”“信息预警制度”“应急处置制度”等工作制度，化解矛盾纠纷，维护社会稳定。

【信访受理】 2020年，东南街道信访部门收到群众来信1件，接待群众来访43批182人次，其中集体上访18批151人次。“阳光信访系统”来信（电）、网上投诉转交办33件次、来访转交办13件次，按期办结率100%，群众满意率100%。

【化解信访积案】 2020年，国家信访局开展集中治理重复信访、化解信访积案专项工作，东南街道落实领导包案，研究化解方案，加强部门联动，年内完成全部国治件化解工作，成为常熟市第一个实现国治件清零的板块。

（东南街道信访办）

档案工作

【概况】 2004年6月，东南经济开发区综合档案室设立，由东南经济开发区党政办公室管理。2014年10月，常熟高新技术产业开发区档案馆（以下简称高新区档案馆）设立。2020年末，高新区档案馆有1995年至2020年档案信息化著录条目56954条（不含当年收发文），案卷级目录8602条，文件级目录48352条。1995年至2001年外向型农业综合开发区文书档案案卷级目录70卷（永久26卷、长期19卷、短期25卷），2002年至2020年文书档案共33441件（永久7577件，长期、30年7314件，短期、10年18550件）。基建档案2944卷，卷内级目录13158条；设备档案135卷，卷内级目录634条；照片档案22册（卷）1119张，光盘档案227盘（卷），

档案库房（高新区党政办提供）

会计档案1996年至2019年4898册(卷)，实物档案306件(奖牌178个、证书73本、奖杯31个、锦旗22面、权证2本)，图书资料146册。文书档案和部分基建档案扫描656331页。高新区档案馆配备监控设备1台、电脑4台、扫描仪2台、复印机1台、打印机2台、暂存资料橱8个。有办公室60平方米、阅览室132.5平方米、库房225平方米，库房内配温控设备、密集架28列、除湿机3台。

【档案收集及利用】 2020年，高新区档案馆收集文书档案3857件(永久306件、30年327件、10年3224件)、设备档案3卷、照片档案1卷60张、光盘档案11卷、实物档案39卷、会计档案518卷、图书资料5册，2020年度文书档案全文扫描46609页。做好各类汇编以及全宗卷延续工作。年内，接待查档237人次，查阅档案640卷(件)。

【档案科普宣传咨询】 3月6日，高新区档案馆参加市档案馆和档案学会开展的档案科普宣传活动，在虞山公园镇海台广场、农贸市场开展档案科普宣传周暨档案法治宣传进基层活动，为市民提供档案专业咨询、赠送档案普法宣传材料、举办档案知识有奖竞答及专题图片展览等服务。活动共分发档案科普宣传材料560多份、宣传品250份，参与群众380多人次。

（高新区党政办）

机关事务管理

【概况】 2020年，常熟高新技术产业开发区党政办公室(以下简称高新区党政办)围绕高新区党工委、管委会确定的工作思路和目标，履行部门职能，发挥助手作用，协调各部门间的工作关系，强化内务管理和后勤服务，保障机关事务和各部门工作正常运转。

【物资保障】 2020年，高新区党政办做好机关日常运转所需设备和物品的购置、管理和发放。添置办公设备、办公用品严格遵循必要的原则，一律按规定进入政府采购渠道，根据不同性质、用途和金额，按照市政府规定和程序采购。在满足机关正常办公需要的前提下，提倡勤俭节约，严格控制经费开支，确保办公经费有所下降。

【会议接待】 2020 年，高新区党政办做好党员冬训工作动员会、安全生产（消防）工作会议、干部专题培训暨星火讲堂、落实党风廉政建设责任制暨基层党建工作专项述职会议等会议和企业开工、奠基、联谊等活动的准备及会场布置等工作，确保会议和活动顺利举行。做好日常各类考察、视察、参观的接待服务。

【车辆管理】 2020 年，高新区党政办做好车辆的调度、使用和管理工作。严格遵守“三定点”规定，为每辆车建立保险、养护和加油台账。每季度对驾驶员进行安全教育，使其树立安全驾车观念。车辆使用坚持“统一调度、效率优先、节约为本”的原则，根据高新区工作性质，在保障招商引资需要的前提下为其他部门服务，确保各项工作顺利开展。

【安全防控】 2020 年，高新区党政办加强对机关大院的安全监控，更新了大院内的监控摄像系统，监控系统与消防报警联动；大院内实现 24 小时 365 天院内楼内保安定时巡查，做到无死角保护。高新区党政办定期对大楼各部门、设施进行安全检查，及时发现隐患。委托专业机构定期进行安全消防系统、空调、电梯日常检修维护，确保正常运转与使用安全。

【节能与垃圾分类工作】 2020 年，高新区党政办配合市公共机构节能领导小组做好节能宣传周工作，督促全体职工形成节能环保理念，并将节能环保贯彻到日常生活中。日常办公用品优先使用节能环保类产品，垃圾集中收集点、公共区域、办公室按规定配置分类垃圾筒，配置垃圾分类宣传画，定期开展督查，使机关大院内垃圾分类投放率在 95% 以上。

【物业与食堂管理】 2020 年，高新区提高机关大院物业管理要求，对物业管理公司进行重新招标，与国贸物业管理公司从 10 月起重新签订为期 2 年的协议，经过磨合，物业管理各项工作有序开展。年内因疫情等原因，食堂停止对外开放，严格控制进货渠道和操作规程，保证食堂供应安全、卫生。

【疫情防控措施】 2020 年，高新区党政办做好疫情防控工作。采购足量的消毒水、酒精、免洗洗手液、体温计、口罩等，分发到职工手中。加强日常管理，机关大院门卫采取量体温、验苏康码、登记信息并必须佩戴口罩等措施，严格控制人员进入，确定非必要不入内原则，将防控措施落实到位。机关大院内部门把手、电梯等区域定期消毒。要求职工上班佩戴口罩，勤洗手勤消毒，并要求必要的时候进行核酸检测，无必要不离开苏州大市。

（高新区党政办）

公安工作

【概况】 2006年12月，常熟市公安局东南派出所（以下简称东南派出所）设立。2020年，东南派出所管辖人口约13万人，其中常住人口约2万人、暂住人口约9.5万人、寄住人口约1.5万人；宾馆、网吧、浴室等行业场所73家，大型商超2家；中小学和幼儿园15所，高校2所。东南派出所实行“一室两队”（综合指挥室、执法办案队、社区警务队）运作模式，有民警29名、辅警152名，其中在职党员25名。年内，东南派出所接警12347起；报立刑事案件690起，受理行政案件1293起；破获刑事案件207起，行政处罚260起；辖区实有外来人员95542人（其中新办证43029人），延期、变更153006人，注销87733人，登记出租房屋15176户，列管重点人口365人、精神病人15人。检查单位2600家次，一般程序处罚100家，当场处罚102家。被常熟市人民政府授予“社会治理成效奖”，获苏州市公安局集体三等功、集体嘉奖和“十佳警队”荣誉，获常熟市公安局业务考核优胜奖、党建队建考核优胜奖。

【社会维稳】 2020年，新冠肺炎疫情爆发，东南派出所做好网络舆情收集工作，依托“全警情报信息”拓展维稳情报收集渠道，强化涉稳情报的滚动排查与评估；主动与党委、政府相关部门联系，了解政府下一步相关工作，对涉及公安工作的提前介入，力争把苗头和隐患消除在萌芽状态。有信息员121名，收集推送各类情报信息262条。在册列管重点人员365人，维稳重点人员13人、精神病人15人，关注人员3人。完成全国两会、十九届五中全会、“进博会”等重大会议期间的重点人员管控工作。辖区内全年各类非正常死亡（含安全生产事故）35起，东南派出所妥善化解处理不安定因素。

【社区警务】 年内，东南派出所以“数字门牌”“一标三实”工作为依托，开展常态化入户走访，采集更新基础信息。社区民警将入户调查工作与违法犯罪警情回访、关注对象见面管控、防诈骗宣传、出租房屋检查、外来人口登记、企事业单位检查等工作紧密结合，每4天对至少20个门牌标准地址下的人员、房屋、单位信息进行采集维护，确保数据及时、准确。提前与辖区用工人数较多的新世电子、敬鹏电子等重点企业联系沟通，安排辅警上门集中办证，提高办证效率，加快办证速度。对散居外来人员办证工作，通过集中清查、实地检查、网上抽查等形式，采取绩效考评、通报讲评、重点推进等措施，强化社区警务工作的精细管理和落实。

【打击违法犯罪】 2020年，东南派出所巩固完善“即时破案”机制，进一步调整便衣勤务模式，确保在接到报案的同时安排便衣力量对现场监控进行调取分析，争取在第一时间掌控案件侦破线索。为便衣队配备了无线高清摄像头和低空无人机等技术设备，使打击犯罪的手段多样化。6月8日，东南派出所会同经侦大队破获一起案值80多万元的商业贿赂案。7月2日，快破湖畔现代城一起地下车库持刀抢劫案。11月6日，快破一起精神病人持刀故意伤害案。

【营商环境服务】 2020年，对日常接到的涉企警情及社区民警在走访中发现的治安隐患和违法犯罪的苗头，坚决从严从快打击，增强企业的安全感和对公安机关的信任感。与辖区企业开展党建联盟、“百万团进百万企”等活动，了解企业在经营中遇到的各类治安问题、安全隐患以及利益受侵害等方面情况，与企业面对面沟通，有针对性地做好预防和协调处理工作。

【公共安全监管】 2020年，东南派出所开展群租房、危险物品、寄递物流、重点目标等公共安全监管，对“331”等公共安全监管领域突出违法问题，开展消防隐患整治联合执法19次，综合运用《消防法》一般处罚57起，电动自行车违停现场罚款处罚100人，依据《苏州市出租房屋居住安全管理条例》处罚3起；出租房屋合规备案率稳定在99.2%，“九小场所”合规改造率100%，小餐饮场所合规改造率100%。

（东南派出所）

7月，对小餐饮场所“气改电”整改情况进行检查（东南派出所提供）

10月，对小餐饮场所合规化改造情况进行检查（东南派出所提供）

综合治理

【概况】 2020年，东南街道司法综合治理办公室（以下简称东南街道司法综治办）协调、指导、督促村（社区）开展综治工作，排查化解不安定因素和矛盾纠纷。全年召开全域性矛盾纠纷排查分析会议8次，心理健康服务平台建设工作得到市委政法委充分肯定，建立和完善社会治安管理长效机制，营造安全稳定的社会环境。

【扫黑除恶专项斗争】 2020年，东南街道组织召开扫黑除恶专项斗争部署会议、专题会议12次；根据人事变动、工作需要调整了扫黑除恶领导小组成员，制定工作方案5份；全区短信宣传8万条，微信公众号推送扫黑除恶内容10多条；五一、十一假期，东南街道全体工作人员深入村（社区）开展扫黑除恶宣传，发放宣传单3000多份。

【技防建设】 2020年，东南街道完成苏锋村、东渔村、昆承村技防入户二期建设任务，共建设236套；根据治安要求，在小康村186个点位新增技防监控；新安装18套车辆违停抓拍系统，累计安装52套；增加垃圾分类回收点监控57套，覆盖所有17个居民小区，有效提高了小微执法处罚效率；安防平台接入常清中学、世联学校等5家单位；智能云梯工程为64部电梯接入智能识别系统。

3月5日，东南街道疫情期间矛盾纠纷排查会议召开（高新区党政办提供）

【心理服务平台建设】 2020年，东南街道司法综治办在全市范围内率先建成心理健康服务平台，该平台设置在东南街道湖畔社区，选聘第三方心理服务团队入驻，定期组织开展心理咨询、心理沙龙服务。

【矛盾纠纷化解】 2020年，东南街道司法综治办严格执行街道、村（社区）矛盾纠纷排查制度，在五一、十一、全国两会、十九届五中全会等重大节日和会议期间召开涉稳矛盾纠纷排查分析会议，提前做好纠纷化解预案；建立访调对接机制，通过双向流转单打通信访和调解绿色通道，实现“矛盾不上交、群众零非访”。

【新冠肺炎疫情防控】 2020年，东南街道司法综治办严格落实社会及社区防控责任，组织各小区物业管理负责人召开社会

2月，东南街道在东渔村设立疫情防控检查站（高新区党政办提供）

及社区新冠肺炎疫情防控专题会议；通过对各小区开展常态化检查走访、编发《小区物业新冠肺炎防控“七个必须”》等措施，强化社会面疫情防控；落实居家隔离管控，派专人为居家医学观察对象测量体温、清理垃圾、提供生活服务，安装监控装置，确保居家医学观察执行到位，累计为558户居家医学观察对象安装监控装置564个；做好“苏城码”申领宣传发动工作，严格落实“苏城码”实体卡发放，累计发放实体卡4000多张。

（东南街道司法综治办）

司法行政

【概况】 2018年，东南街道公共法律服务中心设立。2020年，改设为高新区（东南街道）公共法律服务中心（以下简称法律服务中心），有50平方米服务接待大厅、120平方米展览大厅，集法律援助、法律咨询、人民调解、法治宣传、特殊人群管理等司法行政职能于一体。有6名工作人员、2名专职调解员，聘请法律顾问常年值班，为群众提供专业法律咨询服务。

【法治政府建设】 2020年，东南街道制定《2020年度东南街道法治建设工作计划》，调整全面依法治街委员会及办公室人员，由东南街道党工委书记任主任，东南街道办事处主任任副主任，牵头开展、统筹推进街道法治建设工作；组织重点对象学法，全年参与普法轮（培）训的机关干部和执法人员、企事业单位、村（社区）各级干部600多人次；进一步厘清高新区、东南街道两级行政执法权限，将执法人员全部纳入东南街道归口管理，录入苏州行政执法监督信息平台备案；完成51名执法人员的老证年审及新证申领工作；结合东南街道实际配套制定行政执法“三项制度”，规范行政执法行为。

【法治宣传教育】 2020年，法律服务中心结合司法日、劳动节、国家安全日、宪法日等开展主题普法活动，开展户外宣传5次，发放宣传单约2500份；加强《民法

8 月，法律服务中心邀请常熟理工学院洪易博士解读《民法典》（高新区党政办提供）

典》宣传，组织开展《民法典》讲座 6 次，在小康村建立《民法典》宣传一条街；制作发放普法挂历 380 份、普法桌历 220 份、普法台历 300 份；建好、用好村（社区）“法润民生群”，每日推送法律常识和典型案例；在“道启东南”微信公众号开设“七五”普法专栏，通过有奖问答、以案说法等多种形式丰富线上普法内容。

【人民调解】 2020 年，东南街道各级人民调解委员会累计调处各类矛盾纠纷 766 起，调处成功率 100%，其中重大矛盾纠纷 6 起，涉及金额近 150 万元。未出现因调解不及时或不正确而引起的非正常死亡案件和“民转刑”案件。

【社区矫正】 2020 年，东南街道接收社区矫正对象 30 人，解除矫正 16 人，在册的社区矫正服刑人员 29 人。与常熟市流水琴川和爱社会工作发展中心合作，强化社区矫正集中教育、义工活动。全年累计开展各类集中教育活动 16 次，受教育 250 多人次；开展公益活动超 2000 小时。社区矫正对象无收监执行或重新犯罪。

【安置帮教】 2020 年，东南街道在册安置帮教对象 35 人，其中重点对象 4 人。依托东南街道网格化联动中心平台，探索安置帮教进“网格”，由专职网格员按一般帮教对象每季度走访、重点帮教对象每月走访要求，对安置帮教对象进行走访。年内，对 7 名刑满释放人员、在监服刑人员困难家庭的未成年子女进行慰问和帮扶。

6 月，法律服务中心联合市司法局、市律师协会举办法治大讲堂暨高新区（东南街道）安全员培训会（高新区党政办提供）

【公共法律服务】 2020 年，东南街道对原公共法律服务中心进行改造升级，成立高新区（东南街道）公共法律服务中心。东南街道党工委、东南街道办事处和村（社区）法律顾问全覆盖。帮助辖区内 19 名务工人员整理讨薪案件证据材料，完成法律援助初审工作，向市法律援助中心提出申请。4 个村、3 个社区全部建成便民法律服务联系点，村（社区）法律顾问全部纳入二级网格，公开联系方式，全年接受群众法律咨询 123 次，参加法治宣传 7 次，参与处置、化解矛盾纠纷 27 次，根据各村（社区）需要，提供相关法律意见、建议 49 次。

【公共法律服务进园区】 2020 年，法律服务中心在全市率先制定《高新区（东南街道）公共法律服务进园区实施方案》，探索建成“一中心一团队”模式，成立公共法律服务进园区领导小组，落实经费保障，编印《高新区（东南街道）企业法律风险摸排表》《高新区（东南街道）企业法律风险防控手册》，开展法治体检、法治座谈会、法治大讲堂等各类活动。10 月，该项目代表常熟市接受省司法厅组织的互查互检并受到检查组的充分肯定。

（东南街道司法所）

群众组织

东南街道总工会

【概况】 2020年，东南街道总工会共有基层工会14个，年内新增基层工会3个，基层工会进行换届2个，基层工会更名1个。新增劳模1名，共有8名。东南街道综合执法局一中队获评“苏州市工人先锋号”，东南街道综合办主任黄莺、东南街道综合执法局综合科科长助理杨晓旭获“五一文明职工”称号，东南派出所综合警组获“五一文明班组”称号，东南街道综合执法局副局长陆瑜获“常熟市劳动模范”称号。

5月22日，东南街道总工会“职工阅读节”活动举行（高新区党政办提供）

【职工劳动技能竞赛】 8月7日，东南街道总工会组织9名职工参加常熟市总工会安全生产和劳动保护技能竞赛。9月，组织职工参加“安全隐患随手拍”活动，各单位上报作品共7件，东渔村范家恒的一幅摄影作品获三等奖。

【文体活动】 1月18日，东南街道总工会在东南文化中心举办“迎新春”掼蛋比赛，53名员工参加比赛。3月8日，各基层工会开展妇女节活动，7家单位共计236名员工参加活动。5月22日，举办“职工阅读节”活动，7家单位共计585人参加活动。

【劳模志愿活动】 4月13日，东南街道总工会组织6名劳模开展护学活动。8月7日，组织开展昆承湖捕鱼劳模志愿服务活动，4名劳模参加活动。11月12日，7名劳模走进田间，向农户宣讲生态环境保护和秸秆综合利用知识。

（东南街道总工会）

东南街道团工委

【概况】 共青团常熟市东南街道工作委员会（以下简称东南街道团工委）成立于2019年10月。2020年，启动“青助力+南部新城”团建品牌，努力开创街道团工作新局面。被评为2019年“五四红旗团委”，2020年常熟共青团工作先进单位。东南街道机关团支部被评为常熟市“三敢三勇”团组织，小康村团支部被评为“五四红旗团支部”。

【组织建设】 4月29日，东南街道团工委召开纪念五四运动101周年暨建团98周年大会，探索“党建带团建，团建促党建”实践途径。依托街道党群服务中心“海棠花红”先锋阵地，开展“东南青年说”之“初心课堂”主题活动，创建苏州市“青年文明号”——东南街道为民服务中心。结合“智慧团建”，加强和改进团组织关系接转工作，解决学校团员流向社会后失联的问题，系统内共处理498条事项。落实推优入党制度，推选1名街道团支部成员为入党积极分子。

【思想建设】 2020年，东南街道团工委启动“东南青年说”团建品牌建设，以双月论坛形式开展“虞青说”“青年成长论坛”“初心课堂”等活动共5场。1月19日，举办“东南青年说”第一期青年成长论坛。4月29日，开展“东南青年说”五四特辑之“初心课堂”活动。7月15日，举办“东南青年说”活动，8组青年干部围绕主题开展辩论。7月20日，开展“绽放战疫青春·坚定制度自信”特别主题团日活动，围绕主题进行宣讲。12月8日，开展“YOUNG帆东南 基层有我”项目总结汇报，围绕“三增三进”目标，结合乡村振兴、文明创建、社会治理等方面，组织机关、村（社区）青年畅谈观点，分享经验。组织青年集中学习辖区内“85后”“科技达人”、常熟市“最美人物”韩启航先进事迹。发动团员青年参与“青年大学习”，东南街道团工委每期学习成绩在全市乡镇板块均位列前十。形成《东南街道公共法律服务体系建设情况调研》等调研文章4篇。

【团属阵地建设】 2020年，东南街道团工委依托东南街道党群服务中心，以“青年之家”为载体，开展“非常假期，青春作伴”爱心暑托班活动，开设钢琴、书法、绘画等兴趣班，共服务未成年人200多人次。春节期间，开展“青享家节 快乐留苏”团团陪你过大年系列活动，开设10余天手作课程，共服务青少年100多人次。联合东南实验小学团支部，结合“以疫延情”主题，发动学生创作诗词、书画作品，收到作品30多件，其中，2本图集被“学习强国”苏州平台推送。

（东南街道团工委）

7月20日，东南街道团工委特别主题团日活动举行
（高新区党政办提供）

高新区科学技术协会

【概况】 2020年，高新区科学技术协会（以下简称高新区科协）推进“建家群创”工作，新成立企业科协2家，累计成立23家；新建“科技人员之家”1家，累计创建7家。年内挖掘科技人员创新行动项目36个。推荐海德新材料创新团队参加中国创新方法大赛，获江苏赛区二等奖；推荐素水新能源创业团队和达伦电子创新团队参加第五届江苏省科协青年会员创新创业大赛，分获三等奖和优秀奖；英华特陈毅敏获评“苏州魅力科技人物”。

【院士家乡行】 9月，常熟籍院士家乡行暨第六届常熟学术年会举办，常熟籍院士考察企业，助力企业发展。中国工程院院士黄崇祺考察江苏亨睿碳纤维科技有限公司，就碳纤维复合材料进行交流，并为企业推荐碳纤维海底光缆项目。中国科学院院士田禾考察江苏集萃智能液晶科技有限公司，就智能液晶进行技术交流，并提出丰富智能产品应用场景的相关建议。

【陈毅敏获评“苏州魅力科技人物”】 5月，经过专家评审、微信投票等程序，苏州英华特涡旋技术股份有限公司董事长、总经理陈毅敏获评“苏州魅力科技人物”，成为高新区内第二位获此称号的人才，苏州《新闻夜班车》、常熟电视台、《常熟日报》等媒体分别采访报道。

（高新区科技局）

东南街道文学艺术家联合会

【概况】 东南街道文学艺术家联合会（以下简称东南街道文联）设书法篆刻、戏曲、摄影、音乐舞蹈、文学写作、美术6个协会。2020年，东南街道文联以推动文艺繁荣为目标，打造富有东南特色、群众喜闻乐见的公共文化服务品牌和活动，繁荣东南文艺事业，促进文化发展。

【助力抗疫】 2020年，东南街道文联组织文艺爱好者参加“全民抗‘疫’、群策群‘艺’”全市文艺战“疫”作品创作展播活动，共投送手工编织《逆行人》、诗歌《防控疫情三字文》、油画《钟南山院士》3件作品，均在市级以上媒体推送传播。

【送春联活动】 1月18日，东南街道文联在东南邻里中心举办“翰墨飘香迎新春　鼠年吉语”活动，中国书法家协会、苏州市甲骨文协会、常熟市甲骨文学会的10多名会员，为居民书写近500副春联和200幅福帖。

【油画创作活动】 5月20日，东南街道文联邀请油画家、常熟油画学会秘书长程宏到东南街道文化中心做题为“油画写生和油画创作”的讲座，并在昆承湖畔举办“春天的约会　走进东南”采风写生活动，东南美协会员代表参加活动。

【文学沙龙活动】 6月28日，东南街道文联写作协会在东南文化中心举办第一期文学沙龙活动，12名文学爱好者参加活动。参加活动的有机关工作人员、在职教师、企业员工、退休人员等。

【艺术课堂系列活动】 7月5日，东南街道文联邀请摄影师、市文化馆副馆长万新光到东南文化中心举办公益摄影讲座，20多名摄影爱好者参加活动。8月2日，在东南街道党群服务中心开设吉他演奏公益课，40名吉他爱好者参与学习。8月15日，东南街道文联作协邀请市作家协会副主席浦君芝在东南街道党群服务中心举办文学创作主题讲座，20多名文学爱好者参加活动。

8月2日，东南街道文联举办“东南艺术公益课堂”（高新区党政办提供）

【书画比赛】 9月16日至10月10日，东南街道文联举办“颂高新　书变化　画发展”书画比赛，100多幅作品参加比赛。作品展示高新区近5年发展成果，展现高新区人精神风貌。比赛评选出特等奖1名、一等奖2名、二等奖4名、三等奖6名、优秀奖若干。

【结对常熟影视协会】 12月31日，东南街道文联与常熟市影视协会结对签约挂牌仪式在东南文化中心举行，双方签署结对协议，并举行常熟市电影电视艺术家协会东南街道创作实践基地揭牌仪式。

（东南街道文联）

东南街道残疾人联合会

【概况】 2020年，东南街道持证残疾人有266人，其中，视力残疾20人，听力残疾8人，言语残疾2人，肢体残疾123人，智力残疾64人，精神残疾38人，多重残疾11人；男性155人，女性111人；重度一、二级残疾人84人，三、四级残疾人182人，重残人员比例31.58%。全区7个村（社区）各配备1名残疾人联合会（以下简称残联）兼职委员。全年共投入残疾人保障活动经费75.99万元。年内引进服务残疾人社会组织1家。

【残疾人社会保障】 2020年，东南街道残联发放残疾学生助学金共1.15万元，惠及5人次；发放无业重度残疾人社保补贴3.22万元，惠及17人次；向3名残疾人发放机动轮椅车燃油补贴各780元。对2户低收入残疾人家庭实施“幸福亮居”改造工程，投入经费3.06万元。为121名持证残疾人办理团体意外伤害险。

【残疾人康复服务】 2020年，东南街道有2名贫困精神病人享受免费服药补助共1200元。开展辅助器具适配服务，免费发放残疾人康复辅具32件，惠及30人。

（东南街道残联）

东南街道红十字会

【概况】 2020年，东南街道红十字会举办义诊2场、文艺专场1场、纪念日街头咨询2次，开展无偿献血活动3次，扩大红十字会影响力。

【应急救护培训】 2020年，东南街道红十字会开展各种救助和慰问活动，开展应急救护培训工作，共培训初级救护员137人，普及性培训246人。

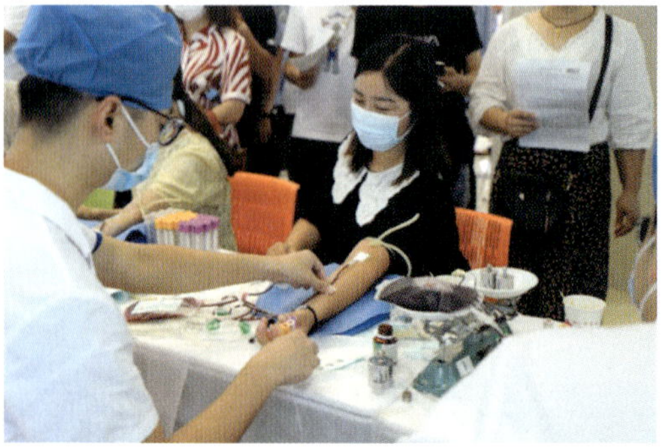

东南街道红十字会组织无偿献血活动（高新区党政办提供）

【义诊活动】 2020年，东南街道红十字会结合世界急救日、红十字博爱周等开展义诊活动2次，开展纪念日街头咨询2次。在各健康监测点普及应急救护知识并配备急救箱。

【无偿献血活动】 2020年，东南街道红十字会组织开展无偿献血活动，献血人数246人，献血总量91300毫升，有23名志愿者加入中华骨髓库。

【1名村民捐献遗体】 6月13日，昆承村邵仁君在常熟市第一人民医院不治逝世，终年58岁。按照本人遗愿，遗体捐献至苏州大学医学部用于医学研究。邵仁君是常熟市第38位遗体捐献者。

（东南街道红十字会）

装备制造业

综 述

【概况】 2020年，高新区有装备制造业企业140多家，产品涵盖数控机床、工程机械、工业机器人、精密加工、无人车间等领域，形成以三一索特传动为代表的工程机械生产企业集群、以三菱电机为代表的智能装备制造企业集群、以菱创为代表的系统集成商集群。2020年区内规模以上装备制造业产业实现工业产值147.1亿元，比上年增长18.4%；销售收入149.6亿元，比上年增长26.8%；实现利税21.1亿元，比上年增长15.7%。

【常熟人工智能科技产业园推介会举行】 8月27日，常熟人工智能科技产业园推介会在珠海举行，推介会由高新区管委会主办，华发股份苏州公司承办，旨在扩大常熟与珠海人工智能产业界的交流与沟通，洽谈合作机遇，加强长三角与珠三角的强强联动。会上，8家意向入驻产业园企业与高新区、华发股份签订合作意向书，2家产业园服务型企业与华发股份签订合作意向书。

表3　　2020年高新区装备制造业20强一览

序号	单位名称	产值（万元）
1	索特传动设备有限公司	553375
2	三菱电机自动化机器制造（常熟）有限公司	262624
3	江苏顶科线材有限公司	133387
4	常熟中佳新材料有限公司	103687
5	思迈特电梯设备（常熟）有限公司	52259
6	福弘金属工业（常熟）有限公司	36806
7	凯络文热能技术（江苏）有限公司	33741
8	东洋机械（常熟）有限公司	33592
9	西部技研环保节能设备（常熟）有限公司	24454

续表

序号	单位名称	产值（万元）
10	谷崧工业（常熟）有限公司	21593
11	苏州英华特涡旋技术有限公司	21500
12	常熟丰通合金材料有限公司	21344
13	苏州海德新材料科技股份有限公司	18425
14	苏州东方模具科技股份有限公司	13802
15	三菱重工（常熟）机械有限公司	13298
16	常熟市精工模具制造有限公司	12403
17	苏州汉森电梯有限公司	11596
18	海英荷普曼船舶设备（常熟）有限公司	11020
19	迪恩士机械设备（常熟）有限公司	10102
20	日阪（中国）机械科技有限公司	9092

项目签约

【2月份重点项目线上签约】 2月18日，高新区2月份重点项目线上签约仪式举行，13个总投资近50亿元的重点项目通过线上屏对屏的方式集中签约。其中，外资项目4个，合计注册资本1.38亿美元，总投资4.05亿美元；内资项目9个，合计注册资本5.1亿元，项目全部达产后预计年总产值95亿元。

【埃眸科技有限公司纳米光刻机项目签约】 4月1日，埃眸科技纳米光刻机项目签约落户，总投资10亿元，主要业务方向为纳米压印光刻机的研发、生产、销售及运营。纳米压印光刻技术可以量产复杂的3D纳米结构，用于制造光通信芯片和消费级AR/MR智能眼镜光学镜片，是满足5G光通信、AR/MR行业的基础核心技术。

【合泰工程机械项目签约】 4月15日，合泰工程机械项目签约落户，总投资3亿元，租赁土地2.47公顷，建设3.8万平方米高标准生产设施，并设立工程机械研发中心。达产后将具备年产12万套的产能，总产值可超5亿元，税收不低于2500万元。

【中挪北欧常熟经济合作云推介会上项目签约】 5月18日，以“选择常熟，共赢未来”为主题的2020中挪北欧常熟经济合作云推介会在中国常熟世界联合学院（UWC）举办，总投资约136亿元的23个项目签约，其中现场签约项目8个、在线签约项目9个、场外签约项目6个，涉及智能制造、汽车零部件、氢燃料电池、现代服务业等行业。芬兰驻华特命全权大使肃海岚以视频方式致辞，挪威、芬兰、瑞典、丹麦北欧四国政府机构、咨询机构、企业代表，以及北欧在常熟落户企业代表等150多人，通过线上方式参与活动。会上，高新区驻挪威办事处、高新区驻北欧办事处揭牌。

【羚控科技项目签约】 5月30日，羚控科技智能飞行器、长三角前沿科技协同创新研究院、远望防务科技装备产业基金3个项目签约落户，总投资3亿元，将建设现代化厂房3.5万平方米，达产后销售额超8亿元，税收超5000万元。西安羚控电子科技有限公司源自国内唯一的无人机领域国家级重点实验室——西北工业大学无人机特种技术国家重点实验室，以飞控技术为核心，为航空航天、飞行控制和机械电子领域提供相关机载设备和仿真测试设备研发、生产、销售、技术服务。

【恒工流体机械核心部件项目签约】 6月3日，恒工流体机械核心部件项目签约落户，项目规划用地6.67公顷，总投资10亿元，建设流体机械核心部件制造基地。项目主要以智能机床加工单元、工业机器人自动化加工单元为主，产品主要为压缩机、真空泵转子、液压阀块的零部件。项目建成后，可年产100万套关键零部件，达产后年产值约12亿元。

【宏瑞达科技项目签约】 7月21日，宏瑞达科技设立集光伏智能装备研发、生产、制造及销售于一体的综合基地，总投资4.5亿元，项目全部达产后开票收入可达15亿元，税收达9000万元。

【国量量具精密仪器项目签约】 7月21日，国量量具精密仪器项目签约落户，总投资2.5亿元，建设3.5万平方米现代化厂房，从事高精度量具的研发生产与制造，预计到2025年开票收入超6亿元，税收超5000万元。

【正创华东区总部签约】 10月12日，广州正创控股集团华东区总部项目签约落户，借力常熟的产业优势和区位优势，正创集团将在高新区投资设立华东区总部项目，注册资本1亿美元，总投资3亿美元，总建筑面积21万平方米，打造具备智能制造、研发中试、展览展示、装配分拨、集中结算等功能的产业综合体，预计达产后年产值37.5亿元。

【三一集团智能装备项目签约】 11月23日，三一集团智能装备项目签约落户，此项目对三一索特传动现有工厂实施智能升级改造，进一步加大在高新区的投资力度，新增项目总投资50亿元，其中固定资产投入30亿元，智能制造工厂近7万平方米，全面达产后，年销售额将达100亿元。

（高新区经统局）

项目开业开工

【三菱电机智能装备应用体验中心开业】 1月16日，三菱电机智能装备应用体验中心在高新区开业，体验中心展厅占地1000平方米，全面展示三菱电机将信息技术、智能技术与制造技术深度融合后在放电加工机、激光加工机和数控系统等智能装备领域取得的新成果。

【常熟英华特环境科技有限公司项目开工】 年初，常熟英华特环境科技有限公司新建年产100万台涡旋压缩机的项目开工建设。项目总投资2亿元，建设3万平方米厂房，主要从事研发、制造用于制冷制热的涡旋式压缩机。建成达产后预计实现销售额5亿元，上缴税收3000万元。

【太普动力新能源（常熟）股份有限公司锂电子电池项目开工】 4月10日，该项目取得施工许可证并开工建设，由台湾新普科技股份有限公司投资建办，主要从事动力锂离子电池的研发、设计、生产和销售，以及部分精密结构件业务。项目总投资4.5亿元，年内计划完成投资1.5亿元。到年末，项目设施土建已完成，设备陆续进场安装调试。

【常熟市建钢玻璃模具有限公司新建项目开工】 5月20日，该项目开工建设，项目总投资5000万元，建设1.18万平方米厂房，主要生产各类型全自动、半自动高端玻璃器皿模具，年加工玻璃模具约500吨。

【常熟市金石机械有限公司机械精加工项目开工】 6月20日，该项目开工建设，建成后的主要业务有数控及CNC加工、线切割加工、铸造、表面处理、切削加工以及热处理等。机械精加工项目总投资5200万元，建设1.3万平方米厂房用于齿轮、轴类及各类金属零部件加工，年加工齿轮、轴类及各类金属零部件4万吨。

（高新区经统局）

汽车、电子信息及其他产业

综 述

【概况】 2020年，高新区汽车产业链涉及动力系统、传动系统、底盘系统等系统，形成了丰田、三菱、大陆等品牌企业体系，新能源汽车产业成为新的增长极。高新区电子信息产业集聚一批上市企业，产业涵盖5G通信材料、消费电子、新一代网络设备等。高新区纺织服装产业已形成以针织、印染整理和原辅料生产为主的特色产业链，产品远销欧美、中东、东南亚等国家和地区。年内，高新区产业向医疗科技、航空新材料、食品加工设备以及新型建材等领域拓展。

汽车产业

【概况】 2020年，高新区作为国家级汽车零部件高新技术产业基地，已引进141家汽车相关企业，产业链涉及动力系统、传动系统、底盘系统、制动系统、车饰系统等，形成了丰田、三菱、大陆、法雷奥、西门子、马勒、延锋六大品牌企业体系。区内规模以上汽车零部件产业实现工业产值395.3亿元，比上年增长17.5%；销售收入401.8亿元，比上年增长16.5%；利税33.1亿元，比上年增长16.0%。新能源汽车“三电”（电池、电机、电控）产业成为新的增长极，围绕上游制氢、储运氢与加氢，中游系统及核心部件研制，下游整车制造及应用进行项目招商引资，形成了以高新区为主要载体、各乡镇板块协同配套的“一核多点”产业布局，已引进国内外氢能头部企业投资的30多个核心项目。丰田研发中心、康迪泰克中国氢能技术中心、常熟氢能源研究院等投入创新研发与生产制造。

表4　　2020年高新区汽车零部件产业30强一览

序号	单位名称	产值（万元）
1	三菱电机汽车部件（中国）有限公司	542784
2	新中源丰田汽车能源系统有限公司	408942

续表

序号	单位名称	产值（万元）
3	丰田汽车（常熟）零部件有限公司	373125
4	延锋安道拓（常熟）座椅机械部件有限公司	366700
5	苏州正力新能源科技有限公司	362818
6	大陆汽车系统（常熟）有限公司	305640
7	科力美汽车动力电池有限公司	198501
8	康迪泰克（中国）橡塑技术有限公司	170980
9	敬鹏（常熟）电子有限公司	131951
10	加通汽车内饰（常熟）有限公司	101531
11	海力达汽车系统（常熟）有限公司	81085
12	马勒机电技术（苏州）有限公司	77957
13	吉丝特汽车安全部件（常熟）有限公司	70656
14	凯毅德汽车系统（常熟）有限公司	63206
15	常熟恩斯克轴承有限公司	59317
16	埃斯创（常熟）汽车空调系统有限公司	57797
17	法雷奥西门子新能源汽车（常熟）有限公司	55541
18	常熟法雷奥汽车雨刮系统有限公司	53342
19	欧德克斯机械工业（常熟）有限公司	45481
20	思达耐精密机电（常熟）有限公司	34036
21	常熟宝升精冲材料有限公司	28528

续表

序号	单位名称	产值（万元）
22	日清纺赛龙（常熟）汽车部件有限公司	27299
23	吉达克精密金属科技（常熟）有限公司	26902
24	海力达汽车科技有限公司	26771
25	江苏忠明祥和精工股份有限公司	26324
26	大同链条（常熟）有限公司	23590
27	宜致汽车安全系统（常熟）有限公司	23182
28	苏州宇量电池有限公司	20992
29	辉门（常熟）汽车部件有限公司	20244
30	江苏统联科技股份有限公司	18502

【氢能项目集中签约】 5月18日，高新区氢能项目集中签约仪式举行，捷氢科技氢燃料电池系统、诚志空气产品加氢站区域投资及运营总部、金亚隆石墨双极板签约落户高新区。捷氢项目总投资5000万元，主要投资建设年产2000套氢燃料电池动力系统生产线，预计未来10年内累计实现产值近10亿元。诚志项目总投资2亿元，在高新区打造世界领先的重工作负荷加氢站，并设立区域投资及运营总部。首个加氢站项目建成后将具备每吨1000公斤加氢能力，可满足50辆公交车（每辆20千克加氢量）12小时加氢需求。金亚隆石墨双极板项目总投资1亿元，将建设集石墨双极板、半导体和5G通信周边产品研发、测试、标准化及生产销售为一体的企业总部，引入自动化产线，投产新一代超薄0.2毫米石墨双极板，预计达产后销售额达2亿元。

【中国（常熟）智能车综合技术研发与测试中心成立】 该中心是由常熟市人民政府、西安交通大学、中科院自动化研究所、长安大学、青岛智能产业技术研究院合作共建的新型研发与测试基地。该中心以促进智能汽车产业发展为目标，聚焦车联网新技术、新应用的研发与测试能力建设，打造行业领先的智能网联测试区、有影响力的智慧交通示范区和具有特色的智能网联产业区。2020年，测试基地共部署5G基站超100个，路侧设备超350个，测试场景超50个，建成智能网联汽车检测实验室，打造综合测试管理V2X系统及应用、V2X仿真测试等服务平台，一期建设项目已通过专家验收并交付使用。

【首批20辆氢能源公交车正式投运】 1月17日，由高新区丰田汽车、上海重塑科技与苏州金龙汽车联手打造的20辆氢能源公交车正式投运，开启常熟氢能公交新时代。

【怡达控股新能源汽车连接器项目签约】 3月28日，怡达控股新能源汽车连接器项目签约落户，总投资2.2亿元，占地1.71公顷，建设3.6万平方米厂房及研发设施。此项目是高新区面向新基建七大领域之一的新能源汽车充电桩行业领域的首个项目。

【大陆集团电子空气悬架项目签约】 4月16日，世界500强德国大陆集团电子空气悬架项目签约落户，这是大陆集团在高新区设立的第三家独立法人企业。项目总投资3.5亿元，主要从事汽车电子空气悬架系统的研发、生产及销售，为宝马、奥迪、沃尔沃等高端车型提供电子空气悬架产品，全部达产后年销售可达7亿元。

【优蓝德汽车零部件有限公司汽车冲压件生产项目开工】 5月13日，该项目开工建设，建设生产及辅助用房2.1万平方米，主要从事汽车零部件生产、销售以及售后服务，投产后，预计每年生产汽车用冲压件750万件。

【江苏擎动新能源科技项目】 5月30日，江苏擎动新能源科技有限公司开业仪式举行，公司注册2000万元，总投资5000万元，达产后可年产膜电极3万平方米，进一步完善高新区氢燃料电池汽车产业链。11月7日，擎动科技长三角研发中心揭牌仪式在高新区举行。擎动科技和北大分子工程苏南研究院共同签署产学研合作协议，与江苏捷氢等国内氢燃料电池龙头企业签署战略合作协议，在催化剂项目研发和应用方面展开深入合作。

【常熟第一座商用加氢站投用】 6月，常熟第一座商用加氢站——常嘉氢加氢站项目竣工并试运营。常嘉氢加氢站位于高新区常昆路以西、贤士路以北，占地面积约5700平方米，建筑面积约2000平方米。加氢站项目于1月取得施工许可证并开工，陆续完成配套站房、站内道路的建设以及加氢设备安装及调试等，具备加氢条件，开展示范加氢。加氢站具备35MPa加氢能力，日加氢量可达1000千克，可满足90辆氢能源公交车或160辆氢能源物流车的加氢需求。氢能源公交车单次加氢时间约为5分钟，可行驶里程约300千米。常嘉氢加氢站还预留了70MPa加氢扩展空间。

【苏州治臻新能源装备有限公司奠基】 6月6日，苏州治臻新能源装备有限公司奠基，总投资2.6亿元，占地3.33公顷，主要从事车用氢燃料电池金属双极板的研发、生产及销售。项目全部达产后具备1000万片产能，将成为国内最大电池金属板生产基地。

【正力新能混合动力用锂离子电池及电池研发二期项目开工】 6月8日，该项目开工建设，项目总投资为8亿元。江苏正力新能电池技术有限公司占地13.33公顷，项目总投资约18亿元。项目分两期建设，一期已于2019年6月份动工建设，主体厂房已封顶，设备正在导入中。二期项目建成后，可年产0.4GWh混合动力车用锂离子电芯，并设立研发中心，达产后预计新增年销售额约8亿元。

【大陆汽车系统（常熟）有限公司电子空气悬架项目开工】 6月20日，该项目开工建设，计划总投资3.5亿元，先期租赁维亚厂房1.3万平方米，主要从事汽车电子空气悬架产品的研发、生产和销售。投产后预计年销售额7亿元，上缴税收5000万元。

【统联汽车科技签约】 7月21日，统联汽车科技项目集中签约，设立自动化设备生产工厂，总投资5000万元，预计到2024年开票销售额超1.8亿元，纳税超1000万元。

【一径科技常熟工厂开工】 7月31日，一径科技常熟工厂开工仪式在高新区嘉地产业园举行，一期计划投资1.02亿元，建设世界首条年产能5万台的车规级MEMS激光雷达生产线。一径科技是专注于全固态激光雷达产品和技术开发的高科技公司，年内建成5000平方米的车规级MEMS激光雷达生产基地，并开始试生产。

【重塑科技常熟产业化基地竣工投产】 8月3日，重塑科技常熟产业化基地竣工投产仪式举行，相关领域的专家学者围绕行业前沿技术和发展趋势进行深入探讨，助力常熟汽车氢能和燃料电池产业的发展。

【苏州宇量电池有限公司扩建项目开工】 该项目于8月开工建设，增资扩建年产20亿瓦时锂离子电池项目，建设2.5万平方米厂房，总投资2.9亿元，年内计划完成投资0.7亿元。宇量电池有限公司主要从事汽车动力锂电池的研发、生产、销售，达产后年生产汽车动力锂电池20亿瓦时，预计销售额达30亿元，税收超亿元。公司由锂电行业专家毛焕宇博士作领头人，率领研发制造团队，在国内率先以最低成本实现“No touch”圆柱汽车动力电池生产，具有行业内领先的方形汽车动力电池智能自动化生产能力，并基本实现关灯生产。1月至7月，该项目实现销售7700万元。

【丰电金凯威氢能压缩机项目签约】 8月19日，该项目签约落户，项目总投资3亿元，建设2.5万平方米专业厂房，从事制氢原料气体压缩机（活塞式压缩机）、氢气充装压缩机（隔膜压缩机）、加氢站压缩机等流体设备的生产及销售，产品将在制氢、充装、加氢站等领域全面取代进口设备，项目达产后年销售额可达5亿元。

【中稀东洋永磁电机有限公司投产】 9月10日，中稀东洋永磁电机有限公司一期项目正式投产，可年产5000台共计20万千瓦工业用高效节能永磁电机。二期项目将在一期项目基础上扩大5倍产能，三期项目将生产新能源汽车驱动马达。项目全部达产后，预计年销售额超过10亿元。

【常熟氢燃料电池汽车产业园建设】 2020年，常熟氢能源汽车产业园首期已建设4万平方米高标准厂房，并规划银河路以东作为承载区，目标在5年内引进10家氢能源领域具有高端水准和颇具影响力的核心零部件企业，搭建2个公共服务平台兼测试评价中心，建设5座加氢站，实现100辆氢燃料大巴和300辆氢燃料物流车的示范运营，总产值规模达100亿元。

【第十二届中国智能车未来挑战赛举办】 11月21日，第十二届中国智能车未来挑战赛在高新区举办，比赛由中国（常熟）智能车综合技术研发与测试中心承办，来自高校、科研机构和企业的17支车队参加比赛。

【马勒机电技术（苏州）有限公司揭幕】 12月8日，马勒机电技术（苏州）有限公司揭幕仪式举行，企业名称从马勒压缩机（苏州）有限公司正式更名为马勒机电技术（苏州）有限公司。

【大陆集团康迪泰克氢能与燃料电池技术中心成立】 12月10日，大陆集团康迪泰克氢能与燃料电池技术中心成立仪式举行，技术中心借助大陆集团康迪泰克在全球氢能与燃料电池技术方面20余年的技术积累，结合常熟工厂多个研发中心的设计研发优势，将先进的橡塑材料制造技术集于一体，从事新能源汽车用氢能与燃料电池关键零部件的设计、研发工作。副市长陈国栋，高新区党工委副书记、管委会副主任芮卫国等出席仪式。

（高新区经统局）

电子信息及其他产业

【概况】 2020年，高新区电子信息产业集聚了新世电子、生益科技、敬鹏电子、贺利氏、全波通信等上市企业，产业涵盖5G通信材料、消费电子、新一代网络设备等。规模以上电子信息企业实现工业产值171.3亿元，比上年增长13.2%；销售收入169.8亿元，比上年增长10.7%；利税10.77亿元，比上年增长15.6%。高新区纺织服装产业已形成以针织、印染整理和原辅料生产为主的特色产业链，主要产品为涤纶经纬编绒类产品、各种针织面料，部分企业集织造、染色、印花、销售于一体，产品远销欧美、中东、东南亚等30多个国家和地区。规模以上纺织服装企业实现工业产值13.4亿元，比上年增长28.4%；销售收入13.2亿元，比上年增长27.7%。年内，两个医疗科技产业项目落户高新区，碳纤维航空部件项目填补国内航空复合材料零部件空白，食品加工、建筑新材料等产业先后落户高新区。

【江苏匠岭半导体有限公司总部基地落成】 7月28日，江苏匠岭半导体有限公司总部基地落成典礼暨首批机台出口仪式举行，项目一期建设千级无尘室约700平方米、研发用房800平方米，每年可生产集成电路尖端光学量测及检测设备100台，年销售额5亿元。

【苏州云途半导体有限公司启动】 9月22日，苏州云途半导体有限公司车规级控制器芯片项目启动仪式举行，该项目是常熟首个具有完全自主核心知识产权的汽车半导体项目。年内已建成集成电路设计和验证平台，制定完善开发流程和相关规范，并启动首款符合汽车功能安全控制器的开发，将填补我国在中高端特别是符合最高级汽车功能安全标准的汽车控制器领域的空白。公司总部设在高新区，在上海、深圳等地设有研发中心和办事处。

表5　　2020年高新区电子信息产业20强一览

序号	单位名称	产值（万元）
1	华普电子（常熟）有限公司	575646
2	明泰电子科技（常熟）有限公司	183278
3	太普动力新能源（常熟）股份有限公司	141106

续表

序号	单位名称	产值（万元）
4	敬鹏（常熟）电子有限公司	131951
5	台耀科技（常熟）有限公司	115036
6	常熟生益科技有限公司	103774
7	新世电子（常熟）有限公司	100352
8	常熟金像科技有限公司	52820
9	艾尼克斯电子（苏州）有限公司	48178
10	旭化成电子材料（常熟）有限公司	46026
11	江苏达伦电子股份有限公司	35557
12	常熟东南相互电子有限公司	32443
13	超煜电子科技（常熟）有限公司	25126
14	贺利氏招远（常熟）电子材料有限公司	19454
15	新协基电子（常熟）有限公司	16134
16	苏州协基电线有限公司	15132
17	常熟鑫锐光学有限公司	14033
18	苏州彩源电子科技有限公司	10341
19	瑞电士（常熟）传感器有限公司	9411
20	苏州康博电路科技有限公司	8798

【江苏新凯盛企业发展有限公司】 2020年，该公司已经发展成为一家集织造、印染、面料和家纺等生产、贸易与研发于一体的企业，现有江苏新凯盛企业发展有

限公司、常熟樱松纺织有限公司和江苏新凯盛纺织科技有限公司3家子公司，年产各类针织面料4万吨，各类针织床上用品300万件（套），产品远销欧美、东南亚等国家和中国香港等地区。

表6　　2020年高新区纺织服装产业20强一览

序号	单位名称	产值（万元）
1	江苏新凯盛企业发展有限公司	94528
2	福懋兴业（常熟）有限公司	38153
3	江苏梦兰东华印染有限公司	31445
4	常熟市启弘纺织实业有限公司	22842
5	常熟市仁鑫针纺有限公司	14287
6	常熟市银海印染有限公司	12468
7	常熟市茂祥布业有限公司	12314
8	常熟市沙家浜程氏印染有限公司	10348
9	常熟市嘉辉纺织有限公司	9941
10	常熟市三环针纺有限公司	9323
11	常熟凯兰针织有限公司	9281
12	常熟市三阳印染有限公司	8473
13	常熟市怡东化纤有限公司	8223
14	常熟市新凯泰纺织有限公司	6796
15	苏州市宇之瑞针织有限公司	6602
16	常熟市森蓝纺织有限公司	6054

续表

序号	单位名称	产值（万元）
17	常熟市三利经纬编织造有限公司	5988
18	江苏洲艳服饰有限公司	5332
19	常熟市佳润织造有限责任公司	4589
20	常熟市开凌针纺织有限公司	4473

【雅博尼西医疗科技（苏州）有限公司项目开工】 5月25日，雅博尼西医疗科技（苏州）有限公司项目开工仪式举行。雅博尼西医疗科技（苏州）有限公司由目前国内业界最强的人工关节研发团队“骄英医疗”投资成立，项目总投资1.6亿元，建设3万平方米高标准厂房及研发办公用房。

【丰树国际智能中央厨房项目签约】 6月1日，丰树国际智能中央厨房项目签约，项目落户高新区联动乡镇辛庄镇。项目由新加坡财政部淡马锡集团旗下的丰树集团投资建设，占地7.27公顷，总投资约1亿美元。项目将建设约10万平方米的多层食品加工厂房，运营及管理生鲜食材的采购、自动化生产加工、标准化集中检验、新食品研发、冷链存储及配送等。

【中国恒瑞碳纤维航空部件项目签约】 6月2日，中国恒瑞碳纤维航空部件项目签约落户，该项目由中国恒瑞有限公司投资建设，总投资额1亿美元，注册资本3380万美元，设立碳纤维航空部件量产基地，建设2万平方米洁净厂房，主要研发生产飞机内饰件、航空座椅、飞机机身结构件、飞机引擎结构件、飞机引擎叶片等航空复合材料零部件，为空客、波音、商飞、中航工业和中国中车等提供配套，项目达产后销售预计10亿元。该项目的落地填补了国内航空复合材料零部件的空白。

【戴铂新材料项目签约】 7月21日，戴铂新材料项目签约，投资1250万美元，从事夹芯复合材料的生产与销售。预计到2024年，年销售额可达2亿元。

【瑞典亚萨合莱自动门系统项目签约】 9月8日，瑞典亚萨合莱自动门系统项目签约落户，总投资6000万美元，租赁高新区内高标准厂房，建设工业自动门系统中国区生产基地，达产后预计销售达10亿元。

【玥宁医疗科技项目签约】 10月20日，江苏地区首个全功能临床前研究检测服务平台玥宁医疗科技项目签约落户，总投资8000万元。玥宁医疗器械把常熟公司作为总部（上市主体），打造江苏首个包含生物相容性测试、生物学评估及功效性研究、植入物材料毒性病理学研究等全功能临床前研究检测服务平台。平台正式运营后，将为中国区域的医疗器械企业提供面向NMPA、美国和欧盟等地区的非临床测试、培训等一站式服务。

【锐新昌科技（常熟）有限公司开业】 10月29日，锐新昌科技（常熟）有限公司开业，公司由国内上市公司天津锐新昌轻合金股份有限公司设立，总投资4.7亿元，达产后年销售近5亿元。常熟工厂拥有2500吨级和7500吨级两台大型全自动挤压机，可年产工业铝型材近2万吨，其中80%转为精深加工。

（高新区经统局）

常熟国家大学科技园

综 述

【概况】 常熟国家大学科技园（以下简称大科园）由常熟市人民政府与国内多所高校合作共建，采用“企—校—园”逆向建园模式，是全国唯一设立在县域经济中的国家大学科技园。2020年，全区企业开票销售超25亿元，纳税额超亿元。全年组织9批次121个各级各类人才项目申报，获评国家重点人才1名、省双创人才5名、姑苏人才10名、市领军人才31名。大科园获“苏州市产学研合作示范区”“苏州市数字经济产业园”等荣誉称号，获批3家国家级众创空间和1家省级众创空间，通过国家级科技企业孵化器评价及省级科技型创业企业孵育计划并获得A类评价。

开发建设

【概况】 2020年，大科园整合区域内闲置土地、房产，相继开工建设6600平方米标准化电子厂房1栋，升级改造厂房6栋，新增载体面积超4万平方米。盘活存量资产，对同济科技广场、常理工人才公寓、创研基地等载体进行智能化门禁改造，对创业基地进行消防改造，提高载体出租率。

大科园先进制造业中心（高新区党政办提供）

【载体建设】 2020年，完成各类载体维修工程130多项，其中，为解决企业停车难问题，先后拓宽、改造道路3条，安装车牌识别停车系统12套，增加停车位近百个。引进“中华老字号”王四酒家，6月正式对外营业。针对新冠肺炎疫情，调配红外线测温设备、消毒药水、口罩等防疫物资，配发物业和企业，并在各载体出入口增设24小时安保值班岗亭，防控疫情。

【自主创新研发】 2020年，大科园液晶所衍生苏州和萃、苏州百斯特玻、苏州萃为3家全资子公司，孵化企业苏州聚萃启动第一轮融资，公司估值超亿元。金属所组建专业化核心团队，设立21个研发项目，预计2023年可孵化航空发动机单晶叶片铸造产业化平台。北大苏南院引入科技型企业6家，其中燃料电池催化剂项目已完成百克级中试技术研发，并与投资公司签署5000万元融资协议。

【安全生产】 2020年，大科园共组织消防演练4次，累计参加人数近400人；组织安全生产及消防检查8次，检查企业180家次。

招才引智

【概况】 2020年，大科园挖掘新动能产业项目，加强与人工智能、氢能源汽车、金融科技等领域优质项目的对接，引进京东鲲鹏、径卫燕梳、合数信息等各类科技人才项目43个，总投资11.82亿元，注册资本4.44亿元。

【政策保障】 2020年，大科园加大政策扶持力度，深化人才发展体制机制改革，修订《关于加快建设苏南国家自主创新示范区核心区　推动常熟高新区高质量发展的若干政策措施》及6大类相关实施细则。

【引才渠道】 2020年，大科园组织“数字经济，精致常熟”主题交流会、“联动长三角，孵化新动能”新经济创业项目路演、常熟（北京）创新中心数字经济产业专题线上招商推介会、同济科技园嘉定园区“促进沪虞两地企业融合发展”项目对接会、常熟“融入长三角　UWC+”新经济招商对接会等8场招才引智活动。发挥常熟（北京）创新中心飞地孵化器的品牌优势，举办“京常路演”“京常来”“京常会”“技术需求比武招亲”“小样开放日”等各类品牌活动29场，引进锐驰智光、挚行电子等43个项目，打造两地协同创新格局。

【人才申报】 2020年，大科园推进各类人才项目申报，开展高新区“东南英才”评审等工作。全年组织申报常熟市领军人才计划、姑苏人才计划、姑苏创业天使计划、省双创人才项目、高层次留学人才回国资助、留学创业启动支持计划等9批次121个项目，其中，获评省双创人才5名、姑苏人才10名、常熟市领军人才31名。

管理服务

【概况】 2020年，大科园厘清服务机制，完善大科园网上信息服务平台建设，加强对入孵企业的全生命周期管理。引入第三方合作机构，共建高新区知识产权综合管理平台，加强科技工作培育力度，高科技企业申报量、认定总量及发明专利拥有量均有所增加。

【平台建设】 2020年，大科园建立一站式受理、全流程服务模式，打造行政服务、创业服务、人才服务、创新研发、产业发展、科技服务、知识产权服务、人力资源服务、金融服务、产学研合作等“十大双创服务平台”，为落户项目提供便捷服务。完善大科园网上信息服务平台建设，加强园区对入孵企业的全生命周期管理；引入第三方机构。共建高新区知识产权综合管理平台，协助园区企业获得有效知识产权。

【企业服务】 2020年，大科园新认定高新技术企业25家，高新技术企业入库46家。全年共申请发明专利437件，申请实用新型专利430件；授权发明专利87件，授权实用新型专利276件。加大科技型企业产业化培育力度，以规模以上高新技术企业为重点培育扶持对象，园区企业获得各类项目立项超20项。

【企业管理】 2020年，大科园组织园区企业参加科技型企业政策申报宣讲会、双创人才企业金融服务会、科技创业大赛等各类创新创业活动75场，做好安家补贴、薪酬补贴、健康体检等人才服务工作。加强与落户企业沟通，每月走访，对企业发展动态形成常态化台账管理机制。响应企业诉求，围绕企业关注的扶持政策、注册登记、审批监管、人员招聘等问题，帮助企业解决实际困难。

（大科园）

服务业

综 述

【概况】 2020年，高新区从发展新经济、新业态的高度出发，进一步增强区内现代服务业对经济增长的支撑力、贡献力，加快打造现代服务业发展高地，逐步形成以日本丰田、德国马勒为代表的外资研发中心集群，以普洛斯、丰树国际、新地物流为代表的外资现代物流集群。区内形成以永旺梦乐城为中心的娱乐、购物消费商圈。高新区服务业年度国民生产总值43.17亿元，比上年增长21.2%；服务业固定资产投资53.49亿元，比上年增长38.33%；服务业开票销售收入208.39亿元，比上年增长3.82%。

【日航国际中心项目签约】 9月29日，日航国际中心项目在高新区签约。该项目建筑面积15万平方米，建成后将为高新区内日资及其他外资企业提供高效、便捷、舒适的商务、生活服务，进一步优化营商环境，发展现代服务业，推进国际化城市建设。

【新能源综合物流中心开建】 8月21日，丰通上组物流（常熟）有限公司增资建设的汽车及零部件高标准物流仓储设备项目开工。该项目总投资3674万美元，注册资本1620万美元，固定资产投资7600万元，建筑面积7万平方米，预期产值1亿元，税收1000万元。为响应氢能源电池汽车的研究开发与运用，企业将导入氢燃料电池重型卡车，协助进行燃料电池重型卡车的实验检证，推进燃料电池重型卡车及叉车的示范运行，建设以氢燃料电池为核心的新能源综合物流中心。

永旺梦乐城

【概况】 永旺梦乐城常熟高新区购物中心是日本永旺集团落户中国的第20家购物中心，也是全国县级市中首个梦乐城项目。购物中心占地13.3公顷，营业面积11万平方米，拥有3800多个免费停车位。拥有自有品牌超市Aeon、大型影城、特色室内儿童游乐场和数百家品牌专卖店，是集购物、餐饮、休闲、娱乐、文化、生活配套等为一体的城市一站体验式购物中心。每日营业时间从10点到22点（超市9点到22点）。2020年，客流量680万人次，营业额5.6亿元，其中购物中心4.4亿元、超市1.2亿元。

【商圈营销活动】 2020年，永旺梦乐城举办多场节日庆典活动，如国庆活动、跨年抽奖等。特色奥特英雄演出，每场吸引观众500人次；蛋糕分享会，参与者1500人。7月31日至8月10日，举办富有日本特色的夏日活动，一系列活动线上曝光量超64万次，外场营业额10万多元。

【特斯拉体验中心开业】 10月10日，全国县级市首家特斯拉体验中心在永旺梦乐城开业。体验中心位于永旺梦乐城一楼，采用特斯拉极简主义设计风格，设置有产品展示、业务洽谈、办公和试乘试驾4个区域。

物流·电子商务

【概况】 高新区有华坤物流、金狮物流、新地物流、普洛斯和丰树物流5大专业物流园区，总占地面积41.58万平方米，总建筑面积28.55万平方米，仓储总面积28.08万平方米。2020年，高新区规模以上物流企业营业收入3.3亿元，税收1400万元。正创新零售华东产业园在建，申通（苏州）智慧电商物流产业园拟建。区内电子商务企业33家，设有自营电子商务平台的企业7家。

【京东物流无人配送研究院项目签约】 7月16日，京东物流无人配送研究院项目在高新区签约。项目致力于构建智能仓储物流系统，自主研发包括京东全自动物流中心、京东无人机、京东无人配送车等一系列尖端智能物流解决方案。

【物流供应链】 2020年，高新区有物流公司15家：丰通上组物流（常熟）有限公司、常熟广丰起重搬运有限公司、常熟市佳捷起重搬运有限公司、常熟昆承起重搬运有限公司、苏州小余装卸搬运有限公司、常熟市韵仕达快运有限公司、常熟千里驹物流有限公司、常熟市运可优供应链管理有限公司、常熟志诚起重搬运有限公司、常熟丰佳仓储有限公司、常熟普高仓储设施有限公司、常熟新地物流有限公司、常熟市骏逸达仓储有限公司、常熟市信合装卸搬运服务有限公司、常熟市福嘉

京东物流无人配送车（高新区党政办提供）

丽仓储投资有限公司；快递公司5家：常熟市神舟实业有限公司、常熟市中通云集快递有限公司、常熟市鑫久鸿快递服务有限公司、苏州佰顺达国际货运代理有限公司、苏州灵犀快递有限公司；供应链企业9家：常熟沃达飞供应链管理有限公司、苏州常达供应链管理有限公司、常熟朗升供应链服务有限公司、江苏标马供应链管理有限公司、苏州臻鲜供应链有限公司、苏州厨友供应链管理有限公司、常熟山水网络科技有限公司、常熟市森杰供应链管理有限责任公司、常熟中杰供应链管理有限公司。

【电子商务企业】 2020年，高新区有电子商务企业33家：江苏采绎来电子商务有限公司、常熟市丹裳电子商务有限公司、常熟市魔美嘻电子商务有限公司、常熟骏翼电子商务有限公司、常熟市熙临电子商务有限公司、苏州市沁微烛电子商务有限公司、苏州有无电子商务有限公司、苏州晟超电子商务有限公司、常熟米兰诺依电子商务有限公司、常熟市顺新电子商务有限公司、常熟市信胜电子商务有限公司、常熟艾吉米电子商务有限公司、常熟市天盛电子商务有限公司、苏州悦漾电子商务有限公司、常熟新享购电子商务有限公司、苏州伟文电子商务有限公司、常熟帅翻天电子商务有限公司、苏州远行电子商务有限公司、常熟市喜惠电子商务有限公司、常熟市雌鹿电子商务有限公司、常熟豆布电子商务有限公司、常熟市晗露电子商务有限公司、苏州衣素电子商务有限公司、常熟泉蒙电子商务有限公司、常熟市丹格澜斯电子商务有限公司、常熟荟菁力电子商务有限公司、常熟人品电子商务有限公司、常熟九头鸟电子商务有限公司、苏州蚁商电子商务有限公司、常熟淘帮帮电子商务有限公司、常熟市伟峰电子商务有限公司、常熟市海兰电子商务有限公司、常熟市夆韦电子商务有限公司；设有自营电子商务平台的企业7家：江苏达伦电子股份有限公司、祥兆文具有限公司、常熟科勒有限公司、摩恩（常熟）厨卫制品有限公司、美妙商贸（苏州）有限公司、江苏北冰洋皇企鹅实业有限公司、苏州有无电子商务有限公司。

金 融

【概况】 2020年，常熟科技金融产业园定位于全市金融产业的创新基地，引进国内外创业投资基金、股权投资基金、银行、证券公司、保险公司、融资租赁、商业等多种形态的金融业企业，以及律师事务所、会计师事务所、资产评估、知识产权服务、科技服务等中介机构，为全市优秀企业和创新企业提供服务，实现科技与资本的无缝对接。年内，引进各类创业投资、股权投资管理团队23支，管理基金54只，管理资金规模突破60亿元；引入日本三井住友银行、日本瑞穗银行等外资银行机构，中国香港汇丰银行、中国香港东亚银行也在区内设有支行；引入常融、昊华、上嘉等融资租赁公司3家，华阳、新唯商业保理公司2家，中商华夏类金融机构1家。积极与银行机构对接，搭建“科贷通”平台，推广中小企业科技信贷金融服务，推动知识产权质押、投贷联动等各类金融创新，推进各类企业建立健全现代产权制度，鼓励企业股改上市，初步形成由引导基金、天使投资、创业投资、股权投资、科技担保、融资租赁、科技保险等组成的较为完备的科技金融体系，资本“催化剂”作用成效明显，为区内数十家科技型企业实现股权或债权融资，融资额超3亿元。

【华映六期基金等项目签约】 11月21日，华映六期基金项目、迈宝中国总部项目在高新区签约。苏州华映六期投资合伙企业（有限合伙）是由华映资本管理有限公司、苏州工业园区元禾秉胜股权投资基金合伙企业（有限合伙）、常熟东之星高新投资有限公司等各方合资成立的私募股权投资基金，基金总规模6亿元，主要从事实业投资、创业投资、投资咨询、企业管理咨询。

【股权投资基金建设】 2020年，高新区加快推进股权投资基金建设，充分发挥基金赋能效应，加快研发项目产业化进程，促进氢能源、人工智能、数字经济等新兴产业快速发展。至年末，设立基金6只，总规模38.5亿元。这些基金分别是：总规模15亿元的高新区投资引导基金（常熟东南产业投资有限公司）、总规模10亿元的虞正新能源产业基金（常熟虞正投资合伙企业）、总规模5亿元的建信合翼并购基金（常熟建信合翼产业投资基金合伙企业）、总规模1亿美元的昆鹏金融科技产业基金（苏州昆鹏投资有限公司）、总规模1亿元的保利人工智能产业基金（常熟宏保股权投资合伙企业）和君子晶基金（苏州君子晶股权投资中心）。

【金融机构】 2020年，在高新区开设支行或营业所的各类银行有16家：东亚银行（中国）有限公司常熟支行、三菱日联银行（中国）有限公司苏州常熟支行、瑞穗银行（中国）有限公司常熟支行、三井住友银行（中国）有限公司常熟支行、汇丰银行（中国）有限公司常熟支行、中国建设银行股份有限公司常熟东南开发区支行、交通银行股份有限公司常熟高新技术产业开发区支行、中国银行股份有限公司常熟东南开发区支行、中国农业银行股份有限公司常熟东南经济开发区支行、中国工商银行股份有限公司常熟东南支行、中国邮政储蓄银行股份有限公司常熟市苏峰营业所和小康村营业所、中信银行股份有限公司常熟东南经济开发区支行、上海浦东发展银行股份有限公司常熟东南经济开发区支行、苏州常熟建信村镇银行有限责任公司东南小康村支行、宁波银行股份有限公司常熟高新区支行、江苏常熟农村商业银行股份有限公司东南支行和小康分理处。

（高新区经统局）

农业·渔业

综　述

【概况】 2020年，高新区（东南街道）农业生产以实施乡村振兴战略为抓手，以农业供给侧结构性改革为主线，立足“农业强、农村美、农民富”。做好农业指导和农业补贴申报，全年发放惠农补贴166.7万元。重视农业技术服务和指导，农业机械化率进一步提高，农作物播种面积大幅增加，小麦、水稻获得丰收，小麦、水稻产量比上年分别增长17.05%、32.12%。昆承湖养殖管理由高新区（东南街道）下属常熟市昆承湖城市服务有限公司负责。针对昆承湖生态发展目标，综合评估生态渔业产生的社会、生态和经济效益，编制《昆承湖生态渔业发展规划（2020—2025）》，启动“净水渔业”行动。昆承湖总体水质达湖泊三类，水面洁净，结合湖区周边的生态绿地，为市民提供休闲好去处。

【农业保险】 2020年，高新区（东南街道）对区域内主要农作物农业保险实行全覆盖，完成水稻保险投保152.67公顷、小麦保险投保284.13公顷。

【惠农补贴与农地保护】 2020年，高新区（东南街道）加强对农业生产的技术指导和服务工作，全面实行稻、麦秸秆全量机械还田。稻、麦秸秆还田补贴金额6.26万元；耕地地力保护补贴219.13公顷，补贴金额39.44万元；稻谷生产者补贴152.67公顷，补贴金额22.9万元；水稻生态补偿面积152.67公顷，补贴金额96.18万元；水稻集中育秧基质补贴1.35万元；水稻专用配方肥补贴0.57万元。

昆承湖冬捕（高新区党政办提供）

【打击违法捕捞】 2020年，高新区（东南街道）通过技术投入，对昆承湖渔业管理、水生生物资源养护进行全区域、全时段监控覆盖。坚持法治化管护，联合多部门开展专项夜间整治行动，打击违法捕捞。查获非法捕捞1300起，清除违法定置渔具1.79万米，收缴电鱼工具39套，收缴其他工具（鱼竿等）1052件。

农 业

【概况】 2020 年，高新区（东南街道）农作物总播种面积 329 公顷，其中夏收小麦种植 176.33 公顷，比上年增加 52.13 公顷，总产量 613.3 吨，比上年增加 104.56 吨；水稻种植 152.67 公顷，比上年增加 35.93 公顷，总产量 749 吨，比上年增加 240.56 吨。

【粮食生产】 2020 年，高新区（东南街道）继续实施水稻良种补贴项目，水稻品种为常农粳 12 号、苏香粳 100 和南粳 46，小麦以扬麦 16 为主，搭配镇麦 10。落实惠农政策，提高稻、麦生产能力和品质，做好水稻良种补贴工作，常规粳稻标准用量为 4 千克 / 亩，每亩补贴 12 元。补贴方式采用供种企业以优惠价（中标价扣除补贴额后的价格）供种。全年供应水稻优质种子 750 千克，良种补贴额 1.54 万元。

东渔村水稻田（高新区党政办提供）

【农业技术服务】 2020 年，高新区（东南街道）农机服务人员深入田间地头，零距离指导种植户科学、合理使用农药、化肥；为农户提供农作物不同时期的技术培训指导 8 次。组织农户参加市农委定期开展的农业培训，学习植保知识，提高农户种养水平，提前做好病虫害防治工作。

【农业机械服务】 2020 年，高新区（东南街道）投入农机购置补贴 0.24 万元，新购置旋耕机 1 台。由于该区域无农机合作社，农业从业人员较少，农忙时节均采用外聘农机进行收耕工作，主要农作物耕、种、收综合机械化率 97.04%。

【农产品安全】 2020 年，高新区（东南街道）坚持绿色生态导向，抓好小麦、水稻病虫害绿色防控工作，加大高效、低毒、低残留农药应用，做好农药减量控害工作，确保农药使用规范、绿色生产、保持生态。对区域内种植大户进行每月日常监督、巡查 60 家次，对区域内种植大户检验全覆盖，完成主要农作物农残检验 8 批次，合格率都是 100%。

（东南街道村社办）

人才·科技

综　述

【概况】 2020年，高新区围绕争先进位关键目标，推进国家创新型特色园区建设，获批为常熟国家汽车零部件高新技术产业化基地、常熟高新区大中小企业融通特色载体，入选国家“百城百园”行动。在国家高新区排名中，由上一轮的72位上升到69位。拥有有效高新技术企业136家、苏州市级以上企业研发机构123个、省级以上众创空间8个，发明专利拥有量超1000件。英华特成功入围苏州市“独角兽”培育企业库，为常熟市首次入选的两家企业之一。修订《关于加快建设苏南国家自主创新示范区核心区，推动常熟高新区高质量发展的若干政策措施》及6个相关政策实施细则，全面细化科技、人才、知识产权等多方面政策，优化提升高新区创新驱动发展能力。

【集萃研究生（常熟）基地签约】 11月18日，集萃研究生（常熟）基地在高新区签约。该基地由江苏省产业技术研究院、常熟理工学院、常熟国家高新区三方合作共建，将以产业需求为课题，以江苏省产业技术研究院专业研究所、企业联合创新中心和常熟理工学院相关院系为平台，以江苏省产业技术研究院研究所和企业联合创新中心研究人员为合作导师，与常熟理工学院及相关合作高校实施研究生（博士后）联合培养，同时开展与此联合培养相关的各项工作，如组织学术交流、促进研发合作、开展本科生创新训练协同发展等。

【苏南自创区常熟一站式服务中心】 2020年，由高新区与江苏省生产力促进中心联合设立，搭建“技联常熟高新”产学研平台、常熟市中小企业研发试制平台等线上平台，结合线下走访服务，挖掘企业需求，提供一站式集成服务。全年举办“创管家”系列培训活动12期，涉及政策解读、高企认定、融资路演等，参加培训人员超800人次，助力23家企业获批贷款1.4亿元，有效缓解企业在复工复产过程中的资金压力。

【江苏省专利审查员到企业指导】 2020年，高新区科技局加强与国家知识产权局专利局专利审查协作江苏中心的合作，组织审协中心审查员到达伦电子、海德新材料等企业深度对接，指导企业提高专利撰写质量；到集萃金属、宇量电池等企业进行巡回审查，指导企业准确答复审查意见，促进企业发明专利授权6件。

（高新区科技局）

人才引进与人才服务

【概况】 2020年，高新区以“双创”领军人才计划为牵引，重点围绕海外引才、知名大学科技园等深入实施校园引才活动，加强与高校的交流合作。加大高技能人才重点项目培育建设力度，发挥示范引领作用，带动大批企业技能人才创新成长、脱颖而出。优化引才、育才、留才机制，完善政策环境，强化保障措施，激发创新活力。全区拥有博士663名，硕士2071名，本科人才29213名，本科学历及以上人才占全区人口的三分之一。支持成功自主创业100人，创业带动就业403人。申报的“交互式全息共享室”被评为“2020年常熟市大学生优秀创业项目”；江苏亨睿碳纤维科技有限公司法定代表人顾勇涛被评为“苏州市2020年度青年创业之星”。

【人才引进】 2020年，高新区开展国家外专千人计划、高端外国专家项目、江苏省外专百人计划、苏州海外人才智力海鸥计划、苏州市外国专家工作室等引智项目，实施产业人才高峰计划，重点围绕海外引才、知名大学科技园，着力引进集聚一批具有引领性、带动性、原创性的产业高端人才。年内，入选国家外专千人计划1名，苏州市外籍院士工作站1个，外国专家工作室2个；办理外国人来华工作许可606名，其中A类外国高端人才411名，B类外国专业人才195名。新增本科人才4200名、硕士（副高）及以上高层次人才396名、高技能人才869名。

【人才服务】 2020年，高新区组织参加中国国际人才交流大会、江苏省科技创业大赛、常熟国际精英创业周等国际人才交流活动，开展“智惠常熟　云聚昆承”海外人才项目“云路演”活动以及新加坡、美国等跨境路演专场活动，拓展引进国外智力工作渠道。做好外国高层次人才服务工作，实施外国人来华工作许可“零跑”服务，采用“告知+承诺”的方式，全程网上办理。

【技能人才培养】 高新区重视技能人才队伍建设，积极为一线工人展示技能、切磋技艺、交流提升创造条件。5月至9月，发动企业参加常熟市职业技能竞赛5个职业工种比赛，组织“技高一筹，匠聚高新”电气装置和焊接项目高新区预选赛。年内，新增大师工作室1个、名师带高徒4对，完成企业职业技能等级认定689人，组织66名机械类助理工程师参加装配钳工（高级工）培训班。

【校企合作实训基地授牌仪式】 11月24日，高新区校企合作职业技能人才就业实训基地联合授牌仪式举行。采取职业技能人才校企合作实训模式是高新区推进职业教育创新发展的创新案例，是解决企业技能人才需求和职业学校毕业生就业困难的惠民惠企工程，是校企双方深度合作、共建共享的合作平台。

（高新区组织人劳局）

创新平台

【概况】 2020年，高新区依托大科园，先后建成12个科技创新载体平台。采用分类管理原则，不断优化创新平台体系，逐步形成以江苏省产业技术研究院智能液晶技术研究所、先进金属材料及应用技术研究所、北京大学分子工程苏南研究院等为代表的新型研发机构，以清控科创小样青年社区为代表的飞地离岸孵化平台，以同济大学科技园、上海交通大学科技园为代表的科技园平台以及以南京师范大学常熟研究院、苏南自创区常熟一站式服务中心为代表的科技服务平台等。

【碳纤维航空部件项目启动】 11月，亨弗劳恩（江苏）轻量化先进复合材料研究院获批苏州市新型研发机构，成为区内第五个获批的新型研发机构。研究院建有2万平方米洁净厂房，主要研发生产飞机内饰件、航空座椅、飞机机身结构件、飞机引擎结构件、飞机引擎叶片等航空复合材料零部件，填补国内航空复合材料零部件的空白，为空客、波音、商飞、中航工业和中国中车等公司提供配套服务，项目达产后预计年销售10亿元。

【研发孵化创投协同创新模式】 2020年，江苏省产业技术研究院先进金属材料及应用技术研究所将技术研发、成果转化、企业孵化、创业投资等要素有机结合，配套设立铁马营孵化器和香柏泓石基金，打造研发、孵化、创投“三位一体”的协同创新模式。设立高温合金、功能型金属粉体等21个研发项目，申请专利50多件，已授权20件；引进、孵化以勒检测、昆腾威等科技企业32家，引进各级各类创新创业人才40多名；已与集萃高合、瑞迈德等项目签订投资协议，另有若干项目达成投资意向。

技术创新

【概况】 2020年，高新区科技局指导魔元术、辰科慧芯等70家企业完成高新技术企业培育入库，臻迪智能、统联科技等50家企业通过高新技术企业认定，爱略机器人、标新力亿等65家企业通过科技型中小企业评价；忠明祥和获批江苏省工程技术研究中心，亨睿碳纤维、海力达汽车、统联科技3家企业获批苏州市工程技术研究中心；六幺四被列为江苏省重点研发项目，英华特、索特传动被列为苏州市重点产业技术创新项目。

【英华特入围苏州市“独角兽”培育企业库】 12月，苏州英华特涡旋技术股份有限公司入围苏州市“独角兽”培育企业名录。该公司是一家从事研发、制造、销售制冷、冷冻和制热应用的涡旋式压缩机的创业企业，利用自有技术打破外资制冷压缩机的垄断，填补国内高能效双向柔性涡旋式制冷压缩机的空白，是国内最早实现量产涡旋式压缩机的厂家。

【企业科技成果转化专项资金项目通过检查或验收】 2020年，高新区有2家企业的科技成果转化专项资金项目通过省级中期检查，1家企业完成省级验收。通过中期检查的项目有：江苏亨睿碳纤维科技有限公司的“碳纤维复合材料汽车零部件快速成型制造技术研发及产业化”、苏州慧驰轻合金精密成型科技有限公司的“高强度高韧性汽车轻量化用精密成型压铸铝合金的研发及产业化”。江苏亨睿碳纤维科技有限公司主要生产汽车外覆盖件、内饰件、半结构件、结构件等，年销售收入2500万元，国内市场占有率约60%；该项目申请专利14件，授权3件。苏州慧驰轻合金精密成型科技有限公司该项目的核心技术为新材料的核心配方、制备工艺和成型技术，与国际领先的材料性能相当，年产品销售5464吨，销售收入5135万元；申请专利14件，其中发明专利9件，授权专利3件。完成验收的是苏州英华特涡旋技术有限公司承担的“高能效双向柔性涡旋压缩机的研发及产业化（商用与新能源汽车用）”项目。该项目的产业化对带动国产涡旋压缩机行业的技术进步，实现进口替代，提升国产涡旋压缩机在国际市场中的份额起到重要作用；申请专利10件，其中发明专利5件，授权专利7件；年销售产品38万台，销售收入6亿元。

产学研合作

【概况】 高新区与北京大学、江苏省产业技术研究院等30多家知名高校院所合作共建一批校地联合创新平台，集聚液晶非显技术、新材料、生物医药等领域国内外科研院所、世界500强企业的技术和250多名管理专家，引进孵化聚萃材料、未名环境、昆腾威、芯慧联等高科技项目40多个，构建以企业为主体、以市场为导向、产学研深度融合的技术创新体系。2020年，西部技研、慧德仿真等19家企业与南京航空航天大学、江苏大学、常熟理工学院等18家高校达成合作项目30多个。

【“慧集液晶科技，智享绿色生活”发布会】 10月，江苏省产业技术研究院智能液晶技术研究所举办“慧集液晶科技，智享绿色生活——2020年智能液晶所产品技术发布会”，展示双稳态智能调光玻璃、柔性OLED用PI浆料、智能后视镜、光纱、智能温变涂料、热敏计时标签等6款自主研发的创新产品。市委副书记、副市长秦猛，市委常委、高新区党工委书记王建国出席活动，国内外知名企业、行业精英、投融资机构等近200人参加发布会。

【“技联常熟高新”平台上线】 2020年，“技联常熟高新”产学研合作平台上线。该平台是江苏省科学技术厅主导建设、江

“智惠常熟　云聚昆承”海外人才项目“云路演”活动举行（高新区党政办提供）

苏省生产力促进中心运营服务的新一代产学研合作对接信息平台“技联在线”的常熟分平台。平台依托江苏省技术转移联盟会员单位科教资源，为企业提供技术需求发布、科技成果信息查询检索、科技成果信息推送以及在线对接等功能，同时为政府及高校院所科技管理部门提供产学研活动组织、校企合作项目备案等服务。

知识产权保护

【概况】 2020年，高新区实施知识产权战略，提升知识产权综合能力，申请发明专利853件，授权138件，发明专利拥有量超1000件，PCT（专利合作协定）申请51件。推进企业知识产权管理标准化工作，慧金新材料、新应期电子等23家企业通过备案，茂康材料等4家企业通过江苏省标准化绩效评价，标新力亿、朗宽电子等11家企业通过国标认证机构认证。对接中国（苏州）知识产权保护中心，国嘉记忆合金、达顺威尔等20家企业新获批专利申请快速预审备案主体，累计获批38家。

【发明专利】 2020年，高新区发明专利净增目标任务187件，实际净增225件，目标完成率120%；发明专利申请目标任务535件，实际申请696件，完成率130%；发明专利授权目标任务100件，实际授权103件，完成率103%；PCT申请年度目标任务28件，实际申请33件，完成率118%；“贯标”（贯彻《企业知识产权管理规范》国家标准）创建企业年度目标任务6家，实际创建12家，完成率200%；高维持年限发明专利年初231件，年末231件，维持率100%；马德里商标申请完成1件；指导协助企业进行商标申请1281件。

【“知识产权服务广场”创建】 2020年，高新区依托常熟紫金知识产权服务有限公司创建线上、线下一体化“知识产权服务广场”。线上平台为“常熟高新区创新创业服务广场”，线下平台包括“五区一基地一审理庭”。引进中规（北京）认证有限公司、北京大成律师事务所、江苏国际知识产权运营交易中心等知名知识产权服务机构，构建集专利申请、专利运营、专利维权、贯标认证等服务于一体的全链条知识产权服务体系。年内促成区内企业专利运营41件，技术交易合同金额3880万元，累计促成专利运营987件。

（高新区科技局）

规划建设

综 述

【概况】 2020年，高新区重点推进人工智能科技产业园、氢能源汽车产业园、中日创新合作产业园、“UWC+创新岛”等新兴特色高端产业载体建设。按照产业发展需要，梳理优化用地布局，推进老旧工业坊产业结构调整升级，前瞻考虑未来产业和项目导入需要，有序推进低效和闲置用地的转型更新，向存量要空间，整合闲置和低效土地等资源，释放综合承载潜力，为高新区在产业空间提质、城市配套提升提出客观要求和核心动力。落实“以人为本”的发展理念，补齐高质量发展短板。从产城融合、职住平衡等角度，提升人居环境品质。进一步提升园区生活配套设施，加快新城功能配套建设，深化产城融合，打造张家港河两侧、东南大道沿线等景观绿带和区域集中绿化景点，开展城市绿化精细化管养，打造宜产、宜居、宜业新环境。推动南部新城外在形象和内在品质的双重突破，更好满足人民群众对居住、教育、医疗、健康、商业、娱乐等方面的新需求。

【总体布局】 高新区以“一心多点、三轴三区”为总体布局结构，建设以现代服务业和高科技产业为主导的生态湖滨城、城市副中心。“一心”即南部新城综合服务中心；“多点”即多个服务节点，包括两个综合服务节点、两个生活服务节点、一个旅游接待服务节点；“三轴”即新世纪大道城市发展轴、东南大道城市功能轴、黄浦江路—银环路生活服务轴；“三区”即环昆承湖生态新区、湖滨智慧新区、先进制造业集聚区。

【规划设计】 2020年，高新区立足长三角区域一体化规划，围绕产城融合、合理开发、完善配套、职住平衡等要素，高质量、高标准做好规划编制工作，完成《常熟高新区产城湖发展规划》。加快“融沪、接苏、链城”，结合市国土空间规划编制，按照高新区城市和产业发展空间需求，提前谋划未来发展区域，完成《高新区庐山路西侧、大滃两侧地块研究及策划》及《氢能源汽车产业园概念规划》研究。围绕“三园一岛”重点项目、产业导入和配套设施完善等要求，继续对区域局部片区规划进行优化；完成区域交通提升研究，开展道路工程前期方案设计，为明年项目开工建设做好准备；在产业发展和完善配套的同时，加强区域内河道水系规划整治，提高防洪排涝能力，改善水生态环境。

（薛敏）

项目建设

【概况】 2020年，高新区基本建设计划新建、续建项目24项，开展前期项目6项，规划编制8项，总投资约25.64亿元，当年计划投资约8.89亿元，当年完成投资8.87亿元。以老旧工业区（点）改造工程为抓手，盘活低效工业用地，13万平方米的协同创新产业园项目全面开工建设，东宇智能制造中心完成外立面景观改造，同时开展金峰科技产业园的规划研究。7万平方米的世华学校竣工投用，启文学校、春霁小学、福达路幼儿园、东南派出所等工程有序推进。“UWC+创新岛”建设已形成规划方案，服务中心正式投用。完成4.1平方千米的区域考古调查、勘探与各项规划编制。

【产业载体项目】 2020年，高新区依据国家“创新驱动发展”战略，集聚创新资源，全力打造以“三园一岛”（氢能源汽车产业园、人工智能科技产业园、中日创新合作产业园、昆承湖金融科技岛）为代表的高端适用的产业载体。人工智能科技产业园投资约80亿元，规划面积约26.7公顷，总建筑面积50多万平方米，分两期开发。年内动工的一期项目占地13.8公顷，建筑面积约27万平方米，其中产业载体建筑面积约9万平方米。氢能源汽车产业园首期已建设重塑科技、治臻新能源、奕森科技等高标准厂房，全市首座市场化加氢站顺利试运营，第二座加氢站启动前期工作。中日创新合作产业园立足高新区特色，规划建成昆承湖日航国际中心，主要建设日航管理酒店、服务型公寓及其他配套用房，其中酒店约3万平方米，客房约280间，服务式公寓250套，约2.3万平方米；以此区域为核心，规划具有区域特色的国际高端生活社区。“UWC+创新岛”项目总投资约18.8亿元，规划用地面积约12.73公顷，规划建筑面积约21.3万平方米，其中地上11.7万平方米；规划定位为复合型科技创新园区，主要功能为科技办公区和酒店公寓等商业服务配套，其中，酒店引进塔亚普拉公司运营管理。推进中挪环保科技合作产业园等平台载体建设，引入信创产业园等其他新兴产业园项目。

【教育体育载体项目】 高新区有世界联合学院（UWC）、世华学校、常熟国际学校等优质民办学校，公办的东南小学、常清中学陆续投用。2020年，启文学校即将启用；新宁诊所、哈佛BI创新中心、海吉亚医疗等高端医疗创新项目陆续引入；南部新城滨河体育公园入选苏州十大最具人气体育公园。

【生活载体项目】 2020年，高新区商业配套不断完善，有东南邻里中心、永旺梦乐城；天玺人才公寓、常理工人才公寓已入住众多产业高新人才；昆承湖国际生活社区、日航酒店、高端人才公寓将为创新人才提供优质生活场所。南部新城新地标——188米的波司登中国纺织大厦正在加紧建设，东南虞悦广场12.6万平方米的酒店式公寓建成后可容纳6000名人才居住。

【东南派出所迁建项目开工】 5月21日，东南派出所迁建项目开工仪式在高新区举行。迁建的东南派出所位于常昆公路及金辉路交会处，占地面积5783平方米，建筑面积4989.65平方米，工程投资4200万元，容积率0.86，建筑密度29.78%，绿地率15.94%，红线内机动车位数为44个，非机动车位数为146个，计划于2021年5月建成投用。

（金和芬　薛敏）

表7　　2020年高新区基本建设情况汇总

序号	项目名称	建设起止日期	投资总额（万元）	当年计划投资（万元）	当年完成工程量（万元）	当年完工率	扎口部门	责任单位
一、规划设计								
1	常熟高新区产城湖发展规划	2020.1—2020.12	219	153	153	100%	规建局	高新区
2	昆承湖金融科技岛规划及昆承湖保护规划等	2020.1—2020.12	139	75	75	100%	规建局	高新区
3	常熟南部新城控制性详细规划调整	2020.1—2020.12	50	50	50	100%	规建局	高新区
4	氢能源汽车产业园概念规划	2020.9—2020.12	20	20	20	100%	规建局	高新区
5	常熟高新区水土保持区域评估	2020.9—2020.12	20	20	20	100%	规建局	高新区
6	常熟高新区文物资源区域评估	2020.11—2020.12	260.7	15	15	100%	规建局	高新区
7	常熟高新区防洪排涝规划	2020.11—2020.12	39.2	39.2	39.2	100%	规建局	高新区

续表

序号	项目名称	建设起止日期	投资总额（万元）	当年计划投资（万元）	当年完成工程量（万元）	当年完工率	扎口部门	责任单位
8	常熟高新区交通提升	2020.10—2020.12	80	80	80	100%	规建局	高新区
	小计		827.9	452.2	452.2	100%		
二、公建配套								
1	东南派出所	2020.5—2021.5	3500	1500	1500	100%	规建局	高新区
2	新材料国际加速器新建厂房（华合地块）	2020.8—2021.6	2000	800	800	100%	大科园	高新区
3	鑫杭工业园一期（凯毅德）改造	2020.4—2020.8	400	400	400	100%	规建局	高新区
4	昆承湖1号房屋改造工程	2020.5—2020.8	750	750	750	100%	世联书院	高新区
	小计		6650	3450	3450	100%		
（续建）								
1	世华教育	2018.4—2020.5	45000	7500	7500	100%	昆承湖公司	高新区
2	启文学校	2019.10—2021.8	75000	30000	30000	100%	规建局	高新区
3	世联学院学生宿舍楼	2019.6—2020.12	4000	3000	3000	100%	昆承湖公司	高新区
4	理工学院学生宿舍楼	2020.6—2021.6	5000	2500	2500	100%	理工学院	高新区
5	东南校区网球馆	2020.6—2021.6	1500	750	750	100%	理工学院	高新区
	小计		130500	43750	43750	100%		

续表

序号	项目名称	建设起止日期	投资总额（万元）	当年计划投资（万元）	当年完成工程量（万元）	当年完工率	扎口部门	责任单位
三、基础设施								
1	丰树路（热电厂道路）	2020.5—2020.12	700	700	700	100%	规建局	高新区
2	东南大道（227—湖山路）拓宽改造	2020.4—2020.12	1000	1000	1000	100%	规建局	高新区
3	净水厂配套管线工程	2020.3—2020.7	1800	1800	1800	100%	规建局	高新区
4	新建银丰路（新安江路—白茆塘）道路工程	2020.6—2021.1	1900	400	400	100%	规建局	高新区
5	东南大道（常昆路—金麟路）拓宽改造	2020.6—2021.2	3000	2800	2800	100%	规建局	高新区
6	公交站台升级改造	2020.3—2020.4	600	600	600	100%	规建局	高新区
7	高新区道路路灯LED智能化节能改造	2020.10—2020.12	2500	2500	2500	100%	规建局	高新区
8	卫东圩排涝改造工程	2020.6—2020.12	2000	2000	2000	100%	规建局	高新区
9	昆承湖生态修复隔水坝项目	2020.5—2020.7	1000	1000	1000	100%	规建局	高新区
10	小康村商业街污水管网改造工程	2020.4—2020.12	700	700	700	100%	东南街道	高新区
11	小康村污水改造工程	2020.7—2021.12	10500	10500	10500	100%	规建局 东南街道	高新区
	小计		25700	24000	24000			
（续建）								
1	银通路改造	2019.6—2020.12	5000	3000	3000	100%	规建局	高新区

续表

序号	项目名称	建设起止日期	投资总额（万元）	当年计划投资（万元）	当年完成工程量（万元）	当年完工率	扎口部门	责任单位
2	金门路改造	2019.10—2020.12	3500	3000	2800	93%	规建局	高新区
	小计		8500	6000	5800			

四、老旧工业区（点）更新改造

序号	项目名称	建设起止日期	投资总额（万元）	当年计划投资（万元）	当年完成工程量（万元）	当年完工率	扎口部门	责任单位
1	东渔工业坊提升改造工程	2020.5—2021.5	3000	1000	1000	100%	规建局	高新区
2	协同创新产业园	2020.9—2022.6	80000	9000	9000	100%	规建局	高新区
	小计		83000	10000	10000			

五、开展前期工作项目

序号	项目名称	建设起止日期	投资总额（万元）	当年计划投资（万元）	当年完成工程量（万元）	当年完工率	扎口部门	责任单位
1	银河苑集宿区B区	2021.1—2021.12	20	20	20	100%	规建局	高新区
2	春霁小学（原金辉小学）	2021.10—2023.6	300	300	300	100%	规建局	高新区
3	兴盛路（香园路—大滃南路）	2020.6—2021.6	400	400	400	100%	规建局	高新区
4	新建苏家滃桥	2021.1—2022.9	20	20	20	100%	规建局	高新区
5	金麟路改造（新安江路—黄浦江路）	2021.10—2023.6	100	100	100	100%	规建局	高新区
6	庐山路综合改造	2021.6—2022.12	400	400	400	100%	规建局	高新区
	小计		1240	1240	1240			
	共计		256417.9	88892.2	88692.2			

【拆迁安置】 2020年，高新区计划征收(搬迁)企业29家,建筑面积8.7万平方米。实际征收(搬迁)企业55家，建筑面积10.82万平方米，占地13.12公顷，搬迁补偿2.11亿元。小康村服装小区有企业24家，占地9.33公顷，建筑面积8.3万平方米，被列为年度老旧工业区(点)更新改造重点项目。项目搬迁分为两阶段：4月至9月，完成18家企业签约工作，签约金额1.03亿元；12月，完成6家企业签约工作，签约金额4004万元。首批搬迁的企业建筑约6.16万平方米，已全部拆除并投入建设。

【未利用土地企业清退项目】 沙蠡线以北、昆承快速路以东一地块内的36家小企业，厂房建于20世纪80年代，存在严重的消防安全隐患。7月，高新区未利用土地企业清退项目启动，因该区域原属沙家浜镇管辖，由沙家浜镇横泾村和红石村进行清退，项目占地2.93公顷，建筑面积2.12万平方米。年末，已完成34家企业搬迁工作，签约总金额2283万元。

【老旧工业区更新改造】 2020年，高新区以老旧工业区(点)更新改造工程为抓手，盘活低效工业用地，化解安全环保风险，促进产业转型升级。开展协同创新产业园和东宇智能制造科创中心两个点位的更新改造工作，其中协同创新产业园为市级改造项目，东宇智能制造科创中心为高新区自主改造项目。两项合计占地面积15.94公顷，建筑面积22.6万平方米，投资8.3亿元。

【低效、闲置用地转型更新】 2020年，高新区加快推进低效和闲置用地的转型更新，向存量要空间，优化用地布局，推进老旧工业坊提升改造。10月23日，协同创新产业园(原小康村服装小区)取得施工许可。产业园总投资约8亿元，规划总用地面积约8.7公顷，建筑面积约19万平方米。在规划设计阶段，引入专业产业的一体化服务商，围绕目标产业，充分考虑企业经营需求，为国内外企业提供高标准的研发与生产厂房。园区在多层制造业厂房的设计中，按照“9+6.5”标准(首层层高9米,二层及以上6.5米)规划建设，提高厂房的通用性。所有厂房均具备丙二类防火等级，并通过人、货、车交通流线的三线分流，实现园区内部道路的安全与效率最大化。7月，东宇智能制造科创中心开始建造。科创中心投资约3000万元，用地面积7.24公顷，建筑面积3.6万平方米。年内，金峰科技产业园、智能物联产业园等已启动前期方案设计。

（仲时进　薛敏　赵伟）

【房地产开发】 2020年，高新区在建房产项目9个，建筑面积300.53万平方米，其中，已开工面积203.63万平方米(包括已竣工面积14.38万平方米，在建面积189.25万平方米)，未开工面积96.9万平方米。房地产项目开工面积90.53万平方米，其中，住宅面积74.75万平方米，商业面积8.78万平方米，办公用房面积7万平方米。7月前，房地产项目竣工面积6.25万平方米，其中，住宅面积5.43万平方米，商业面积0.82万平方米。

【房产销售】 2020年，高新区批准预售、销售商品房2533套，面积31.66万平方米，其中，住宅2441套，面积29.59万平方米；商业用房80套，面积1.2万平方米；办公用房12套，面积0.87万平方米。批准交付备案商品房632套，面积8.95万平方米。高新区全年销售商品房1359套，面积15.02万平方米，其中，住宅1308套，面积14.03万平方米；商业用房51套，面积0.99万平方米。

（赵伟　沈志华）

基础设施建设

【概况】 2020年，高新区完成道路基础设施建设投资约2.98亿元，完成市政道路改造或新建道路项目6个，包括新建丰树路、银丰路，续建金门路，改建东南大道和银通路。新建道路960米，改建道路3830米；完成小康村新村铺设污水管网4.71万米，商业街铺设污水管网1.25万米；完成公交站台升级改造、净水厂配套管线、昆承湖生态修复等项目。

10月，改造后的东南大道（高新区党政办提供）

【东南大道、银通路改造】 2020年初，高新区启动东南大道、银通路改造工程。东南大道（湖山路—金麟路）全长约1.73千米，改造工程将机动车道双向4车道拓宽到双向6车道，外侧增加非机动车道，配套完善管线绿化。银通路（富春江路—珠泾路、香江路—黄浦江路）道路全长约2.1千米，施工内容为改造快车道，增设人行道，新建白泥滃处桥梁等。两项工程均于年末竣工。

【公交站台升级改造】 4月，高新区完成对东南大道、湖山路、黄浦江路、新安江路等道路沿线公交站台的升级改造。安装新型电子站牌54座，新建或改建候车厅11仓，实现站台亮化，工程总投资约600万元。

路灯智能化改造（高新区党政办提供）

【小康村污水管网改造】 12月，小康村污水管网改造工程竣工，实现雨污分流，控源截污。该工程包括小康村朱泾苑区域和小康村庐山苑两个区域，污水管总长4.71万米，涉及居民2635户。同时，铺设银通路和澎湖路商业污水管网1.25万米，涉及商户288户。项目投资约1.02亿元。

【路灯养护和智能化改造】 2020年，高新区维修更换各类电缆2500米，更换路灯灯具28套，更换灯泡1243只，丰田路、福兴路、福茂路、渔乐路、香园路等新开设道口敷设管线1100米、镀锌钢管500米、PE管1000米，砌手工井30个；对区域内路灯专变进行保养和检测，全年养护与维修金额约300万元。年内，通过路灯合同能源管理，全区4626盏钠灯改造成为LED灯，1841盏现有LED路灯安装单灯控制器，67个路灯控制箱进行智能化改造。建成智慧控制平台，实现对路灯的智能化控制。提高整体道路平均照度，达到节能减排目的。

【城市公共设施建设】 高新区道路总长度约117千米，主干道24条，次干道42条，支路3条，桥梁142座。污水管道长度约14.2万米，建有污水提升泵站8座。全区路灯约6500盏，亮化设施主要涉及东南文化水廊、市民广场、昆承湖入口公园、滨河公园、昆承湖三座桥梁等。2020年，新建科创大楼西立面、液晶所、天玺、同济科技等亮化工程；全面接入高新区景观亮化智慧照明平台，通过平台实时监控数据，采集数据、控制开关灯时间等完成智能遥控。

（宗钰　戴丹　陆熙）

城市管理

自然资源管理

【概况】 2020年，高新区自然资源和规划分局（以下简称资规分局）按照“优空间、保发展、护资源、促集约、严执法、强党建”的工作总要求，启动国土空间总体规划编制的前期调研和准备。突出规划引领，开展土地利用总体规划修编，划定工业用地保障线，优化国土空间布局；强化执法监督，严格落实耕地保护；控总量、优增量、盘存量，提升资源节约集约利用，促进产城融合发展，年度重点产业和基础设施用地得到全面保障。被评为“2020年度苏州市土地执法模范乡镇”。

【空间布局优化】 2002年，高新区资规分局开展土地利用总体规划修编，调整允许建设区8个项目37.75公顷，优化有条件建设区169公顷，保障重点产业和基础设施项目落地。划定372.53公顷新增产业用地纳入苏州市产业招商“热力图”；划定苏州市“双百行动”工业用地保障线1994.27公顷，新增规模701.8公顷。

【资源要素保障】 2020年，高新区重点产业和基础设施项目用地得到全面保障。完成供地24宗，其中，重点产业项目11宗，公建、道路基础设施项目8宗，经营性用地项目5宗。用地总面积79.93公顷，出让金总额49.3亿元。充分挖掘潜力，盘活利用存量低效用地6宗，面积17.07公顷，占供地总量的21.3%。

【土地执法监管】 2020年，高新区资规分局深入开展卫片监测、“慧眼守土”和动态巡查三维执法监管，落实土地执法监管共同责任制，遏制新增违法用地。开展省违法用地综合整治三年行动、农村乱占耕地建房问题专项整治和年度卫片执法检查等工作，成效显著。

工程建设管理

【概况】 2020年，高新区新开工项目111个，其中房建56个、市政8个、其他47个，建筑面积151.88万平方米，工程造价41.19亿元。78个工程项目争创建筑施工标准化示范工地，建筑面积266万平方米，其中，37个项目取得常熟市建筑施工标准化文明示范工地荣誉，16个项目取得江苏省建筑施工安全标准化星级工地荣誉。安全生产月期间，澜悦雅筑项目举行市级建筑施工安全生产标准化示范工地观摩活动。年内，5个项目因存在安全隐患或扬尘污染问题，被实施行政处罚19.5万元。

【建设工程质量监管】 2020年，高新区开展市政项目检查359次、土建项目检查496次、质量抽查427次，监督竣工验收土建及装修项目23个、市政项目6个。开展住宅配套工程专项检查，包括绿色建筑、装配式建筑专项检查和混凝土拌站专项检查等。

【建设工程安全监管】 2020年，高新区执行安全执法检查任务312次，组织开展建筑起重机械、危险性较大的分部分项工程等各类安全专项整治20项次，重点监管超过一定规模的危险性较大工程121个、建筑起重机械317台。

【安全生产教育】 7月20日，高新区召开市政建设安全生产专题会议，对近期地下管线施工期间发生的安全生产事故进行通报，分析事故原因，总结经验教训。7月24日，召开“百团进百万企业”安全生产宣讲会，学习习近平总书记关于安全生产的重要论述，落实党中央、国务院、省委、省政府和市委、市政府关于安全生产一系列新精神、新要求。

（徐义军　仲时进）

城市维护

【概况】 2020年，东南街道综合执法局采取定点巡查、集中整治、堵疏结合、定岗定责等管理手段，建立长效管理体系，实现城市管理规范化、常态化。对“乱堆乱放、乱贴乱挂、乱停乱放、乱搭乱建”等影响市容环境的突出问题组织各类大型整治行动108次，出动4560多人次。建立防台风、防汛情应急预案，成立应急处理队伍，组织100多名队员在易积水点值守，在积水路面铺设沙袋，为受淹企业安排水泵抽水，救援积水中被困的车辆和人员，疏通路面下水道，积极组织防汛抢险。组织360人次，进行夜间防汛备勤，排除险情80多起。全年投入市政基础设施养护维修费用1200万元；建立桥梁健康监测系统，充分保障桥梁安全运营；8座污水泵站通过远程控制系统进行数据监测，控制操作实现自动化。

【市容管理】 2020年，东南街道综合执法局组织市容环境问题早查19次，夜查13次，突击检查16次，联合整治21次，环境整治39次。处理违章停车2373起，其中绿化违章停车锁车206起、教育劝离256起；教育劝离游摊散贩4225人次、昆承湖景区和法字湖内擅自捕鱼183起、擅自烧烤430多起；清理占道经营880多起、乱拉挂乱张贴930多起、露天焚烧45起、乱晾晒340多起，处理渣土车抛撒滴漏、带泥行驶51起，擅自设置店招店牌处罚19起。

【市政基础设施养护】 2020年，东南街道完成小康村污水管网更新改造5.96万米，苏锋新村改造污水管道和雨水管道各1970米、弱电管道1690米，天然气入户管网1870米，小三家村和渔乐新村改造污水管网3320米，惠及农户2825户。全区年内累计疏通雨水管道23.4万米，清理雨水检查井1.45万座，更换雨水检查井井盖220座，添补缺失雨水边井盖1200块，路面修补1.31万平方米，侧石与平石维修4000米，亲水平台翻修370平方米，隔离带维修340米。对辖区内142座桥梁进行检测，日常养护巡查400多次，修复桥面板面积1200平方米，修复桥栏杆约180米，清理桥梁泄水孔等50座次。区域内8座自动化污水泵站年处理污水2080万吨，日均5.8万吨；使用电量232万度，月均19.3万度。

【绿化景观养护】 2020年，高新区绿化养护面积约834万平方米，其中，东南区域438万平方米，昆承湖区域396万平方米。存量树木总数39.79万株，投入养护资金1700万元。10月，通过招标确认7个养护标段，1个监理标段；每月进行养护检查和考核，召开养护例会。年内，承接市资规局苏嘉杭高速、东南连接线、昆承快速路绿化养护面积约33.6万平方米。区域内开设路口42处，管线施工77处，其他绿化搬迁8处，涉及搬迁树木1.11万株；完成造林地块3处，完成造林面积4.67公顷，投入资金100万元；省级规划林地审批4处，涉及搬迁林地面积约3.5万平方米。

【村庄环境卫生管理】 2020年，东南街道综合执法局配合所属昆承村、苏锋村、东渔村、小康村工作人员，对苏锋老新村、小三家村进行村庄环境整治。出动人员442人次，发放整改告知书210份，帮助苏锋老新村、渔乐新村、小三家村、小康村清理不达标家庭307户，清理水泥台板34个、棚子4个，清除各类垃圾68车。开展环境整治回头看工作，累计出动212人次，清除垃圾120车约250吨，完成年度村庄环境整治收尾工作。

【数字化城市管理】 2020年，东南街道综合执法局全年接到12345投诉派单652起，回复652起；市民来电信访接待咨询3850起，大联动平台综合上报流转至综合执法局1970起，数字城管事件3751起，部件337起。

【地下管网巡检】 2020年，高新区管线权属单位分别对通信、给水、天然气、电力和雨污水管道进行每天巡检，每周上报巡检总结。共巡查联通管线24.21万米、移动管线6.95万米、广电线路15.26万米、电信线路12.83万米、给水管道52.71万米、天然气管道232万米、雨水管道19.03万米、污水管道33.29万米、电力管沟21.93万米。10月至12月，组织实施辖区内4万米市政污水管网检测与修复工程，实施管道非开挖修复24处、检查井修复7座。

（钱成杰　戴丹　宗钰　陆熙　王麟童）

城市管理执法

【概况】 东南街道综合执法局下辖一中队、二中队、三中队、四中队和网格巡查中队、机动中队。2020年，综合执法局认真履行城市管理职能职责，开展市容村貌专项整治108次，“小微执法”专项行动查处各类违法行为360起。开展村庄环境整治、户外广告专项整治等各项活动，进一步巩固文明城市创建成果。获评“2020年度常熟市社会发展专项考核（社会治理）优秀基层单位”“常熟市镇域综合执法工作先进集体和东南街道‘攻坚克难’先进集体”“社会治理先进集体”“抗击新冠肺炎疫情先进集体”等称号。

6月21日，永旺梦乐城周边占道经营整治（高新区党政办提供）

【行政执法】 2020年，东南街道综合执法局立案301起，其中重大案件32起，累计罚款金额487.9万元。一中队城管条线，处理一般程序135起，罚款5万多元；处理简易程序798起，罚款金额2.7万多元。二中队劳动监察、文广执法、卫生监督条线立案62起，罚款83.7万元。三中队安全生产监督管理、环境保护执法条线立案91起，罚款358.5万元。四中队国土、规建、住建条线立案13起，罚款38万元。

【专项整治】 2020年，东南街道综合执法局开展扬尘、空气污染管理专项整治。加强渣土车管理，与24个在建工地签署扬尘管控承诺书，查处抛撒滴漏30起、带泥行驶21起。6月，高新区实施生活

3月6日，拆除富春江东路大型废弃广告牌（高新区党政办提供）

3月，对出租类集宿疫情防控情况进行检查（高新区党政办提供）

垃圾分类管理，综合执法局与2000多家店铺、企业签订生活垃圾分类管理责任书，检查各类单位、店铺和小区生活垃圾分类投放情况3089次。教育劝阻违反《苏州市生活垃圾分类管理条例》行为2281起，责令现场整改129起，处罚35起，累计罚款2700元；对违反《江苏省城市市容和环境卫生管理条例》的行为处罚226起，罚款7570元。坚持日常巡查，每天开展执法检查，通过技术取证、回头复查、上门整改等规范执法流程，紧盯垃圾分类工作中的突出短板和薄弱环节，对小区、主次干道、集贸市场等区域采取定点督查与不定期抽查，严格按照考核标准，加大整改力度，督促整改到位，对垃圾分类违法行为做到“零容忍”。贯彻落实省住房城乡建设厅《关于开展户外广告和店招店牌设置专项整治行动的通知》要求，在高新区范围内持续开展户外广告设施整治提升行动，出动工作人员860多人次，拆除大型高空广告牌64块、镂空广告字321块，共4050平方米。

【防疫抗疫】 年初，东南街道综合执法局队员坚守防疫抗疫一线。出动工作人员2600多人次、车辆462车次，对餐饮店、建筑工地、网吧等娱乐场所进行排查；出动130人次，保障高速卡口24小时值守，参与护送200多人安全隔离；出动623人次，协助各村（社区）卡口执勤，保障防疫抗疫各项工作有序展开。

违法建设治理

【概况】 2020年，东南街道综合执法局登记住宅类违章184家，发放停工通知书56家，发放限期拆除通知书116家，发放停工通知书和拆除通知书12家；督促自行整改53家，整改面积4019.2平方米。组织拆违24次，帮助拆除42家，整改面积1142平方米。接城建类举报单127起，处理完毕125起。协助东南街道拆迁办公室对沙家浜代管土地遗留的鱼棚、蟹棚发放清理通知书，并帮助拆除；对大滃江河道南侧定点填土处进行常规巡查，移送1起未按规定填土的车辆；协助东南街道动迁办公室对小康村服装小区、常昆路沿线和七星桥地块进行集中拆除，拆除面积近9.6万平方米。

4月18日，昆承村开展大环境整治（高新区党政办提供）

【高层建筑违建整治】 2020年，东南街道综合执法局对辖区内的高层违法建设展开专项整治。协同社区、小区物业和联动部门等多方力量，采用上报形式，收集各片区违法建设信息，由综合执法局统一处理，全年发放限期整改通知书24份，督促自行整改13家，帮助拆除13家，整改面积156平方米。

【“河湖两违”专项整治】 2020年，东南街道综合执法局配合东南街道河长办公室，开展“河湖两违”（河湖违法圈圩、违法建设）第三批前期工作，发放占用河湖管理范围相关审批手续限期提交通知书8份，限令拆除卫东河沿线涉5米河岸保护线违法建筑，拆除面积2728.29平方米。

（东南街道综合执法局）

河道管理

【概况】 高新区（东南街道）水系分为圩外河网和圩内河网两套水系，区域内还有常熟最大的生态湖泊——昆承湖，水系纵横交错，水资源丰富，在引排调蓄中发挥重要作用。2020年，两级河长履行河长职责，镇级河长巡河141次，村级河长巡河2700多次。河长办分别于6月和12月完成河长制公示牌信息更新完善工作。做好防汛工作，做到汛前准备充足、汛期抢险及时、汛后检查维修到位。持续保持对河湖“两违”整治高压态势，集中力量分批完成苏州市、常熟市和镇村的整治任务，水环境不断改善。

【河道养护】 2020年，东南街道水务科健全河道长效管理机制，聘请第三方保洁单位对由高新区（东南街道）负责的4个市镇级湖泊、59条镇村级河道进行保洁。打捞水面漂浮物，清理岸边垃圾，实现保洁全覆盖；每月定期对第三方保洁单位的管护质量进行考核，根据考核结果落实保洁经费，确保河湖管护质量到位。年内，按照《高新区（东南街道）五年轮浚计划》，对丰田环河、金门河、毛北河等7条河道进行清淤和疏浚，疏浚河道1.08万米，清除淤泥13.8万立方米，新建护岸5600米。

【堤闸管理】 2020年，高新区（东南街道）为提高排涝、调水能力，新建金仓排涝站1座，设计排涝动力4m³/s；新建湖山河、东竖头瀹闸2座。区域内现有排涝站25座、引水闸门6座、通湖控制闸6座、通湖涵洞7个。在全市范围内率先引入社会化管理，公开招聘有资质的养护公司负责水利工程设施的日常运行管理和维护保养；水务科根据职能制定管理和考核办法，根据市防汛防旱指挥办公室和高新区管委会的指令，指挥闸站工程运行调度，加强对养护公司的督查和考核，组织培训闸站管养员，指导日常维护检修。

【防汛防台】 2020年，高新区（东南街道）成立防汛指挥部，建立指挥体系，明确职责分工。组建防汛抢险队伍，所有抢险队员完成登记造册；参与防汛应急演练，提高队伍应急抢险能力。做好防汛物资的储备和管理，全区3个防汛仓库储备草包1.5万只、防汛应急泵24台、防汛沙包5000只。汛前消除险工险段，对苏锋新村300米堤防薄弱段进行加高加固。梅雨期间，通过加强值守、科学调度等措施，保障全区人民生命财产安全。7月6日，遭遇超强梅雨，6小时降雨量132毫米，澎湖路、东南大道、丰田路、新安江路等路段积水严重，部分企业受淹。在区防汛指挥部统

7月6日，疏通暴雨造成的黄浦江路路面积水（高新区党政办提供）

一指挥调度下，出动应急抢险队伍，调用排水泵 5 台，至当日下午 14 时，险情基本排除。汛期过后，对区内所有水利工程的受损情况进行摸查，维修损坏的拦污网，对所有站闸进行全面保养。

【断面水质】 高新区（东南街道）涉及张家港河、大滃、昆承湖（湖心）、苏家滃、尤泾、白茆塘、昆承湖（徐泾港）7 个水质考核断面。2020 年，除昆承湖湖心断面外，其余 6 个考核断面均达标。为提升昆承湖湖心断面水质，高新区实施昆承湖生态修复水质提升项目，该项目包括建设生态软围挡总长度 1860 米，恢复沉水植被 0.25 公顷。

（东南街道水务科）

公用事业

供 电

【概况】 2020年，东南供电所不断优化电网结构，加快电网基础建设，满足高新区用电需求，提升供电可靠性。高新区内有220千伏变电站1座，110千伏变电站8座；20千伏线路64条，10千伏线路75条，总长度73.26万米。区域内设置综合配变407台，低压用户2.78万户，高压专变用户821户，全年用电量19.62亿千瓦时。

【供电服务】 2020年，东南供电所以“你用电，我用心”为服务理念，把助力经济发展放在首要位置。通过上门走访、主动对接等多种方式与客户建立常态联系机制，拉近与客户的距离，提升客户电力服务的获得感、幸福感和安全感。提供供电优质服务，为企业生产营造良好的电力营商环境。配合完成启文幼儿园、启文小学、启文中学等一批民生工程。完成常熟中以检测、江苏亨睿航空工业等市重点建设项目工程启动。

【电网基础建设】 2020年，东南供电所配合110千伏庐山变电站新建工程，完成庐山变电站配网规划设计工作，新建主变电站2座，每座容量63兆伏安，设置10千伏出线24回，20千伏出线10回。做好高新区内10（20）千伏线路联络建设工作。

【电能替代消除安全隐患】 2020年，东南供电所联合东南街道帮助虞悦广场商铺进行电气改造，从原先的燃气灶具改成电磁灶具，消除明火厨灶消防安全隐患。东南供电所以虞悦广场的成功经验作为示范，在用户中倡导低碳化烹饪方式，开展电能替代的宣传和推广，推动更多全电街区的改造。

（东南供电所）

供热·供气

【概况】 常熟天然气公司以高标准推动营商环境优化再升级，精简流程，给工商业用户让利减负。截至2020年末，高新区天然气管线总长约12万米，开通工商业用气145户。

【供气服务】 2002年，常熟天然气公司梳理业务办理流程，通过压缩环节提高服务效能，优化各项业务流程25个，多项流程缩短时间50%以上。创新工作思路，推动工作力量下沉一线，成立五大片区运营中心，为区域用户提供“一站式”服务。推出免收工商业用户红线外的管道建设费用、燃气计量设备费用等优惠措施。

【燃气安全管理】 2020年，高新区规建局定期对2家液化气经营站点进行检查，联合市住建局、市市场监管局对中燃港城银河路液化气发放站无证送气行为进行查处；委托第三方燃气专业服务单位对辖区内800多家燃气储存、经营、使用单位进行燃气行业安全专项检查，每季度一次，检查范围覆盖全部行政区；联合东南街道“331”整治办开展高层建筑违规使用瓶装燃气执法检查，依法暂扣气瓶392只；处置市“智慧燃气”平台隐患通报6例并及时上报处置结果，形成隐患整改闭环；发放燃气安全宣传资料250多份，提升燃气用户安全意识，增强燃气用户应急处置能力；推动安达洲物流、东南食品城餐饮集聚区内36家餐饮店实施“气改电”，提升餐饮行业集聚区域本质安全。

【小康村商业街“瓶改管”改造工程】 6月，高新区规建局联合市住建局、市天然气公司启动小康村庐山苑、珠泾苑与银通路商业街“瓶改管”和小康村天然气管道3年扩面改造工程，削减瓶装燃气用户总量，推广使用更安全、更可靠的天然气。工程投资额约2740万元，铺设天然气管网6.85万米。年末，具备通气条件的43个村民组管网已铺设到位，惠及村民2635户、商户288户。该工程将于2021年5月竣工。

（王麟童）

交通·通信

【概况】 2020年，东南街道运营的城乡公交线路3条、镇村公交线路1条、公交专线1条。年内，途经域内的公共交通路线有3路、4路、5路、108路、111路、114路、119路、125路，共8条班线。年内，高新区通信单位完成金门路、银通路、黄浦江路、常昆路等道路的民生工程配套管道和光缆建设。参照高新区总体规划，主动推进基础光纤网络建设，提升光纤网络和无线承载能力。服务区内重点经济载体和重点企业，实现高新区核心区域、主要商圈、理工学院、三一索特等5G创新应用企业覆盖。

【公交线路】 城乡公交601路由东南开发区公交停保场至永旺梦乐城，单程15.4千米，途经东南开发区公交停保场、黄山路、富春江东路、武夷山路、澎湖路、银河路、珠泾路、银通路、香江路、银丰路、金启路、黄山路、金门路、金麟路、东南

111 路公交车途经高新区（高新区党政办提供）

大道、常昆路。602 路由东南开发区公交停保场至武夷山路，单程 12.2 千米，途经东南开发区公交停保场、黄山路、新安江路、银环路、东南大道、金麟路、金门路、黄山路、金启路、银丰路、金门路、庐山路、东南大道、银河路、丰田路、武夷山路。603 路由东南开发区公交停保场至国际学校，单程 10.4 千米，途经黄山路、香江路、银丰路、金门路、金麟路、东南大道、湖山路、黄浦江路、福达路、羿家路。镇村公交 347 路由金狮薇尼诗花园至唐市中学，单程 11.4 千米，途经金门路、常昆路、唐市北路、唐市南路。公交专线 135 路由武夷山路至常熟站，单程 23 千米，途经武夷山路、东南大道、高架路、琴川大道。

【中国移动】 2020 年，常熟移动高新技术产业开发区分局推动常熟智能网联汽车先导区纳入苏州车联网“三区一走廊”战略规划，成功申报国家发改委创新项目。完成先导区 5G 及光纤覆盖和数据中心建设，开通常熟首个 5G+ 高精度定位基站，并实现智能网联车 5G 边缘计算及车联网安全认证应用。与本地企业合作，探索推进 5G+ 工业互联网应用，为多家大型企业提供上“云”服务，推动制造业向智能制造转型。配合“千村美居”工程，整治高新区 89 个村组约 5000 户线路 20.5 千米。至年底，累计建设基站 221 个、室内分布系统 224 个，年内投资 8000 万元，实现对东南大道核心地段、永旺商圈、政府驻地等区域 5G 全覆盖。

【中国电信】 2020年，中国电信股份有限公司常熟分公司结合道路工程对光分配网ODN进行分片调整，新设立黄浦江路通信枢纽，提升光网和无线承载能力。累计建设5G基站93个，5G分布系统9个。持续进行4G网络优化，针对业务应用热点分析，及时进行站点无线资源补充。

【中国联通】 2020年，中国联通有限公司常熟分公司设立紫晶城核心通信枢纽，同时对住宅小区进行双优千兆小区建设，年内实现双优千兆小区20个。累计建设5G基站76个,5G分布系统2个,MEC1台,X8-A2台，完成GSM退网，针对热点场景进行3G/4G补盲。

【江苏有线】 2020年，江苏有线常熟分公司完善金麟路广电机房功能定位，投资升级机房设备，提升区域覆盖范围和多功能业务承载能力。逐步把该机房建设成常熟广电第二中心机房，适应高新区开发建设需要，更好地服务于新建房产、老住宅小区改造以及新建企业。

【有线网络运营】 2020年，江苏有线网络发展有限责任公司常熟分公司在高新区铺设光缆1200皮长公里，光纤长度为58000芯公里。覆盖有线电视用户5500户,有线电视双向网络覆盖率100%。年内，对高新区实施网络改造小区10个，有线电视新建小区3个，有线电视网络基础总投资200万元。年末，通过技术升级，对有线电视新建改建小区全面采用FTTH光纤覆盖到户技术，支持最大1000M宽带接入。

（高新区规建局　宗钰）

综合监督管理

综 述

【概况】 2020年，高新区研究制定《常熟高新区（东南街道）深入开展安全生产专项整治三年行动工作方案》，将涉及专项整治的24个行业领域，明确各部门和驻区单位责任分工；各专项整治领域根据责任分工，先后组织召开会议13次，制定工作实施方案24个；设立高新区（东南街道）专项整治办公室，统筹推进安全生产各项工作落到实处。高新区管委会与12家安消委成员单位签订安全生产责任书，与164家规模以上企业签订安全生产责任状；安环局对全区企业全覆盖检查，与1037家企业签订安全生产告知承诺书。高新区党工委、管委会领导在重要时间节点带班检查企业安全生产落实情况，向企业传达上级安全生产有关指示精神，督促企业落实主体责任；全区8家企业开展二级安全生产标准化创建，100家企业创建三级和小微企业安全生产标准化；15家企业完成职业病危害现状评价，220家企业完成职业健康体检，128家企业完成检测目标；5家企业完成安全生产重大隐患挂牌项目整改；对12座通航桥梁开展防撞设施和助航标志日常巡查，委托第三方机构对142座桥梁实施常规检测，对被评定为C级的银环路桥进行维修，完成东南大桥、申浦大桥、大溇桥等3座桥梁监测系统设施安装、数据采集和平台调试。根据市安全专项督导组意见，落实整改6条重大风险隐患清单和13条安全生产责任不落实清单。

【安全监督管理】 2020年，高新区先后为一线执法人员配备现场执法个人终端、执法记录仪、无人机、小型监察现场文书处理平台等装备设备，完善现场执法、调查取证等措施，实施执法全过程记录。推进重大行政执法决定法治审核、执法公示等制度，实现全过程留痕和可回溯管理。全年立案处罚安全生产违法案件立案57件，处罚237.6万元，事前立案数和处罚金额分别上升11.76%和13.94%。

【消防监督管理】 2020年，东南派出所认真履行消防监管职责，扎实开展火灾隐患排查整治，全力协助消防宣传、抢险救援等工作。年内发生火灾61起，受伤1人，实现了“不发生较大以上和有影响火灾”的工作目标，消防安全形势持续稳定。对2348家企业单位、场所开展消防监督检查工作，发现火灾隐患和消防违法行为765处，受到消防行政处罚的企业142家，处罚金额30万多元。开展消防宣传81场，定期深入居民住户进行消防宣传，为居民发放消防宣传单，讲解消防知识，传授灭火技能，提高全民消防安全意识。

（高新区安环局　东南派出所）

安全生产监督管理

【概况】 2020年，高新区安全生产监督管理和环境保护局（以下简称高新区安环局）坚持依法监管、源头防范、系统治理，全力压降事故，全面化解防范重大风险隐患，安全形势总体平稳，事故起数、死亡人数呈总体下降态势。全年发生工伤事故327起，死亡1人。其中，工贸商业领域发生安全生产事故266起，比上年下降1.48%；消防领域发生火灾事故50起，比上年下降34.2%。高新区先后接受苏州安全生产专项巡查组和常熟安全生产专项督导组巡查督导。高新区安环局局长钱晓东被评为“江苏省安全生产执法工作先进个人”；高新区在苏州市安全生产执法考核中获评二等奖，在常熟市社会发展专项考核中被评为“安全生产整治行动先进单位”。

【安全生产宣传】 2020年，高新区结合安全生产月，举办以“消除事故隐患，筑牢安全防线”为主题的系列安全生产宣传活动。观看安全生产文艺汇演和接受安全生产事故警示教育的有460多人，参加安康杯知识竞赛的企业20家，通过微信公众号参加安全生产知识竞答1.4万多人次，安全生产宣传咨询日活动发放宣传资料1150份，“星火炬力，安全同行”安全隐患随手拍活动收集主题照片77张（组）。先后向各级媒体报送稿件170多篇，其中被省级以上媒体刊用9篇，市级以上媒体录用135篇，高新区微信公众号发布27篇，完成调研文章2篇。

【安全生产培训】 2020年，高新区党工委、管委会和各部门主要负责人开展“百团进百万企业”安全生产宣讲活动25次，全区462家工业企业2224名负责人和安全管理人员参加学习；选派3名安监执法人员赴徐州、杭州等地参加市级培训，组织高新区安环局人员42人次赴无锡开展法治专题培训。年内，参加安全资格证培训（复审）的法定代表人、安全员2200多人，参加主体责任专题培训的企业负责人200人，参加春风行动系列宣讲培训的企业员工400人；开展农用自备船操作人员安全教育22次，发放燃气安全宣传资料250多份；在金像科技（常熟）有限公司、永旺梦乐城组织开展综合应急演练和大型商业综合体消防疏散与灭火联合演练，安消委成员单位、重点企业代表和商超工商户300多人次现场观摩。开展特种设备安全宣传工作，召开专项整治工作部署和推进会议4次，累计宣传培训760多人次，发放相关宣传资料760多份；开展网格员专题培训会议4次，组织召开特种设备专题安全培训会议8次，其中百人以上宣传活动与会议5次。在常熟市第三届安全生产法律法规知识竞赛中，高新区获团体三等奖和个人二等奖、三等奖各1项。

【安全生产专项行动】 2020年，高新区结合专项整治，检查工贸企业两轮1455家次，排查整治安全隐患9364处、危废固废领域隐患问题234个；开展“331”早查、夜查335次，排查整改隐患问题747处；文体旅游领域落实专项执法行动28次，发现安全隐患40多次，约谈5家网吧和娱乐场所负责人；对社区卫生服务中心、卫生服务站、日间照料中心、宗教场所专项督查48次，发现排除安全隐患72处；开展建筑施工安全检查68次，排查建筑施工项目334个，发出整改通知311份，整改一般安全隐患1658个；组织特种设备执法检查124家次，发现整改安全隐患173起；排查压力管道使用企业76家246根，整改问题63个；排查整改商业场所安全隐患250多处1400多条；对2000多家企业开展消防监督检查，处置居民住宅小区、工业区、高层建筑、施工工地、商超、地下空间和学校消防隐患2261处；排查交通隐患14处，查处超载3606起，其他各类交通违法行为2.96万起；巡查地下管线418.2万米，检测市政污水管网4万米，修复24处；开展城市燃气执法巡查8次，依法暂扣气瓶392只；对金狮、华坤等大型物流园内195家

12月，开展燃气安全联合执法行动，收缴违规液化气钢瓶（高新区党政办提供）

各类经营单位进行安全生产综合整治，发现整改问题隐患359条；推动安达洲物流、东南食品城餐饮集聚区内36家餐饮店实施“气改电”；组织渔业安全生产检查22次，完成4家加油站地下油罐防渗改造。

【特种设备安全监管】 2020年，高新区市场监督管理分局对起重机械和叉车安全问题开展专项整治，监督检查相关企业97家次，抽查叉车121台、起重机械48台，发现问题隐患109起，立案查处12起。对目录外设备开展专项整治，完成3吨以下起重机评估248台；已完成4台非货叉叉车的安全评估，通过率100%；固定式升降平台已有15台经过首轮评估。对压力管道开展专项整治，根据《常熟市压力管道安全专项整治工作方案》的要求，分局牵头制定《高新区（东南街道）压力管道安全专项整治工作方案》。检查排查相关企业137家，排查出使用压力管道的企业74家、在用压力管道246根。

（高新区安环局）

质量监督管理

【概况】 2020年，常熟市市场监督管理局高新技术产业开发区分局（以下简称高新区市监分局）以“促发展、补短板、解难题、精管理、抓落实”为工作主线，坚持党的建设、监管执法、质量安全、民生服务，聚焦主责主业，突出争先争优。做好食品安全宣传培训工作，常熟市食品安全宣传周启动仪式在永旺商圈举行，全年组织开展食品安全协管员、网格员及学校食堂从业人员食品安全培训4次，参加培训412人；积极推进“明厨亮灶”“五常法”（常整理、常整顿、常清扫、常清洁、常自律）等先进管理模式。强化质量提升工作，动员和指导企业申报苏州市质量奖6家、申报苏州市长质量奖1项；申报质量信用等级A级评价3家，通过3家；分别为企业提供申请工业产品许可证增项、进口产品CCC免办的上门指导服务各1次。监管执法年结案率100%，各类罚没款1040多万元。年内，高新区市监分局被评为“苏州市工人先锋号”、“苏州市食品安全工作成绩突出基层集体”、常熟市“市场监管系统先进集体”、常熟市“社会治理先进集体”，分局党支部被评为常熟市市监局“优秀基层党组织”“常熟市先进基层党组织”“东南街道先进基层党组织”。

【行政执法】 2020年，高新区市监分局立案110件，结案144件（含上年遗留案件 34 件），涉及“三重一大”案件 57 件，罚没款 744.29 万元，移送司法机关追究刑事责任 4 件。积极开展各类专项整治工作，其中电子商务乱象专项整治立案 4 件，罚没款 17 万元；侵害消费者个人信息专项整治立案 11 件，涉及个人信息 2.9 万条，罚款 43.5 万元；建筑材料专项整治立案 3 件，罚没款 6 万多元；商标侵权专项整治立案 20 件，案值合计 120 多万元，罚没款 185 万元；食品非法添加专项整治立案 3 件，罚没款 47 万多元；反走私成品油专项整治立案 1 件，查获涉案柴油 395.98 吨。房地产行业广告、合同格式条款专项整治立案 3 件；家用小电器专项整治立案 1 件。

【质量检查】 2020 年，高新区检查口罩熔喷布生产销售经营单位 20 多家，抽检口罩熔喷布等防疫物资 13 批次，排查并整改问题 14 条，立案处理 7 家。开展小家电、电动车等专项整治，全年检查小家电、电动车生产销售单位 40 家次，抽检 14 批次，抽检不合格 2 批次，依法立案处理 2 起。检查工业产品许可证单位 6 家，强制性认证获证企业 8 家，排查并整改问题 4 条。节假日超市商场计量监督检查 3 次，检查企业 7 家。完成 2 家农贸市场强制检定电子秤年检，完善东南食品城、七星桥蟹市场强制检定电子秤的配备，实现集贸市场“五统一”长效管理。加强抽检保障，完成 4 家食品包装材料生产企业抽检工作、1 家加油站油品抽检工作。开展月饼和大米定量包装抽查，检查企业 3 家，发现问题 4 条，立案处理 3 起；完成监督抽查不合格企业后处理 4 家，立案查处 2 家，完成 3 家企业的能源计量审查和 10 家眼镜店强检器具的备案、监督与检验。

食品、药品、市场监督管理

【概况】 2020 年初，高新区市监分局根据市疫情防控指挥部要求，做好餐饮环节疫情防控工作，巡查餐饮单位 2834 家次，企业食堂 918 家次，张贴各类宣传海报 900 多份。辖区内 18 所学校（托幼机构）食堂完成“明厨亮灶”“五常法”工作，量化分级均达到优秀级别。在年度食品安全监督检查过程中，全程使用常熟市市场监督管理局开发的食品安全监管 App，完成监督检查 1083 户次，简易处罚 97 家。辖区内医疗器械生产企业、药品零售企业、社区卫生服务中心、民营医疗机构、单位卫生室和体检中心都建有药械监管单位基础台账，建立监管数据库。

【食品安全监管】 2020 年，高新区市监分局对食品经营许可进行审核，发放食品经营许可证 346 份，办理小餐饮备案登记151份。推行食品生产企业食品安全自查制度，督促3家食品生产企业按要求完成自查，要求各企业完成苏州市食品安全管理人员监督抽考，合格率100%。督促食品生产加工小作坊落实产品质量安全主体责任，引导扶持小作坊经营规范标准化，新发放食品小作坊登记证2份。做好食品安全监督抽检工作，抽检食品（食用农产品、餐具）264批次。坚持源头严防，先后开展野生动物非法交易、冷冻冷藏肉品、食品标签标识、水产品质量安全监管、进口冷链食品等专项检查。出动检查人员108人次，检查食品经营单位及仓库326家次，查处1家经营野生动物的餐饮单位。

【药品医疗器械监管】 2020年，高新区有医疗器械生产企业3家，二类医疗器械经营企业23家（不含药店），药品零售企业36家，社区卫生服务中心1家（含2家服务站），民营医疗机构11家，学校（企业）卫生室4所，体检中心1家。经高新区市监分局督促指导，上述单位都已建有药械监管单位基础台账，做到一企一档。完成药品零售企业、医疗器械经营企业、医疗机构检查覆盖率100%，建立完备的监管数据库。

【企业信用监管】 2020年，高新区市监分局完成对企业信用综合监管46家，发现较严重问题12条、一般问题36条、轻微问题1条。省市场监督管理局“双随机、一公开”检查企业210家，将41家查无下落的单位列入经营异常目录。落实广告监管工作，对“特供”“长江非法捕捞”“非法金融”等广告监测306条，网站巡查50条。新冠肺炎疫情期间，对1家企业的网络广告虚假宣传行为进行立案处罚。加强合同监管工作，拟订高新区美容美发格式合同范本，在6家美容美发机构先期试行，签订美容美发格式合同15份。对健身房等经营场所开展格式合同专项整治，检查4家，发现2家在格式合同方面存在问题，现场开具警告文书2份。开展房地产格式合同专项整治，对20多家房地产开发公司以及房地产经纪公司开展检查，收集各式合同10份。

【消费者权益保护】 2020年，高新区市监分局处理各类投诉举报1128件，其中，在12315平台受理各类投诉举报382件，在12345平台受理各类投诉举报703件，来信来电来访投诉举报43件。处理时光里购房纠纷、艾美理发店、澜悦雅筑房屋装修质量群体性投诉3起。以永旺梦乐城、东南食品城、东南邻里中心等区域为重点，推广线下无理由退货，有300家商家响应。6月3日，常熟市无理由退货工作推进会在永旺梦乐城召开，苏州市市场监督管理局副局长钱玲授予永旺梦乐城总经理石野秀树“全市第一万家承诺商家”牌匾。

【集贸市场管理】 2020年，高新区市监分局落实集贸市场疫情防控措施，做好疫情期间人员来往调查摸底工作，对市场主办方防控情况和经营者执行情况进行每日督查；加强活禽交易、野生动物经营管理，查处餐饮店违法经营活禽案1起，罚款5000元；查处宰杀销售野生动物（鸿雁）案1起，罚款10万元，救助鸿雁5只。推进集贸市场垃圾分类工作，召开动员会，加强宣传引导，发放各类宣传资料300多份。推动、指导金仓市场升级改造工作，推行常态长效管理。指导集贸市场以党建为抓手，成立党组织。制订积分管理办法，建立奖惩考评制度。经过积分测评，金仓市场6名经营户被评为“2020年度文明诚信经营户”。

（高新区市监分局）

生态建设

综 述

【概况】 2020年，高新区安环局突出污染防治攻坚战主题，注重营造环保社会氛围，强化环境监察措施，提升环境监察效能，不断改善空气、水和土壤质量，推进企业危废达标建设和建筑、农业、养殖领域污染防治，区域整体生态环境质量向好。高新区安环局被评为“2020年度常熟市社会治理先进集体”“常熟市生态环境系统先进集体”“2018—2020常熟市打好污染防治攻坚战贡献突出集体”，高新区安环局副局长李俊被评为“2018—2020常熟市打好污染防治攻坚战贡献突出个人”。

【生态环境保护宣传、培训】 2020年，高新区开展生态环境保护系列宣传、培训活动。东南幼儿园开展“我眼中的绿色东南”绘画比赛，东湖社区开展“美丽中国 我是行动者”环保知识宣传，永旺梦乐城组织“6·5世界环境日”环境知识竞答，制作《守护蓝天碧水净土，打好污染防治攻坚战》宣传视频。组织开展环保政策法规“菜单式”培训8次；邀请南京大学环境规划院专家以线上直播方式，对有关企业人员开展危险废物规范化管理培训，普及危险废物标准化管理知识，在线观看242人，视频点击量超千次。

【环境监管“八查八改”机制】 2020年，高新区安环局发挥环保信息化平台和网格化“两张网”作用，实施环境隐患排查与整治，从风险源头遏制突发环境事件。建立“八查八改”（查、改的八个方面是：企业环境应急管理机构与人员、突发环境事件风险等级识别情况、突发环境事件隐患自查自改情况、监测预警机制建设情况、环境应急防控措施、环境应急预案备案工作、环境应急演练工作、环境应急保障体系建设情况）机制，推动7家企业开展环境安全达标建设并完成验收；45家企业开展应急预案编制与更新，除1家因停产取消，其余都完成应急预案备案。10月，组织大陆汽车系统（常熟）有限公司开展年度突发环境事件应急演练。

（高新区安环局）

环境保护

【概况】 2020年，昆承湖湖心断面的溶解氧、化学需氧量、氨氮达到Ⅲ类水标准，总磷均值为0.073mg/L。完成9家重点行业VOCs（挥发性有机物）深度治理、10台燃气锅炉低氮改造和1台生物质锅炉治理；18家企业实现危废规范化管理；完成凯发新泉提标改造工程，完成空气自动站PM10、PM2.5分析仪等设备更新。落实湖畔现代城、紫晶城南侧施工项目、澜悦雅筑在建工地、王四食品拆迁地块、江苏常凌工程交通有限公司配套码头、大滃江南侧储泥场、庐南路176至190号、金门路（常昆路至银通路）道路改造等8个突出环境问题整改销号；完成7家企业清洁生产评估审核，与27家重点企业签订土壤污染防治责任书，编制隐患排查报告书；城东净化厂及配套污水管网工程完成试运行。

【环保信访投诉处理】 2020年，高新区安环局办结环保信访364件，其中水污染投诉89件，大气污染信访126件，噪声污染投诉76件，固废辐射投诉6件，建设项目及其他信访67件。查处各类环境违法行为35件，下发处罚决定书22份，处罚金额121万元。对暂时保留的企业配套码头开展巡查6次、专项督查2次，完成1家已关停取缔码头复绿，督促3家企业配套码头扬尘在线监测、视频监控和岸电设施建设。

【工业污染防治】 2020年，高新区安环局收到预审环境影响评价项目文件109个，现场验收固废专项申请项目21个；通过网格化巡查检查制作记录单360多张，涉及企业230多家，发现并整改隐患问题700多条。联合第三方机构对区内200家产废企业进行全方位的“环保体检”核查，系统分析重点企业生产项目污染防治管理方面存在的问题，结合环保网格化巡查成果提出环保整改意见65条。

【农业面源污染防治】 2020年，高新区（东南街道）调整土地利用方式和农业产业结构，提倡保护性耕作，全面实施秸秆还田，减少农业面源污染。从合理安排农事等方面入手，实施节能减排措施，测土配方施肥，减少化肥流失污染。引进相关农业技术和专业人才，加强病虫害监测防治，推广综合防治，提高农药利用率，减少化学农药用量。引导农民和农业企业使用生物农药和高效、低毒、低残留农药，禁止使用高毒、高残留农药。

【养殖业污染防治】 2020年，高新区农业管理部门根据南部新城发展定位和禁养区标准，在前期养殖户关停工作的基础上，与综合执法局、派出所、各行政村等相关部门协同配合，加强巡视监管措施，合理引导，控制居民饲养家禽，取缔非法养殖点，防止出现规模养殖现象，消除畜禽养殖污染。

【生活污水收治】 2020年，高新区通过工程改造，解决部分餐饮店雨污合流及缺少隔油预处理设施问题；建立生活污水治理摸底清单、问题清单、任务清单；推动创建1个生活污水处理提质增效达标区，达标区内办理排水许可证的企业18家、建筑工地5个、餐饮店3家、居住小区1个。

【垃圾分类】 2020年，东南街道垃圾分类专班联合综合执法局，全面排摸辖区内生活垃圾管理责任主体2290个，其中机关和事业单位16家、经营场所（含沿街商铺）1895户、建设工程现场施工单位26家、住宅区21个。发放管理责任告知书2025份，分类宣传单2万多份。17个住宅小区实现“三定一督”（定时开放、定点投放、定人督导）全覆盖，全市首个智能垃圾分类投放设施投入使用，试点小区引进投放点垃圾称重系统和垃圾分类管控平台，在4个行政村实行9个流动式“三定一督”垃圾分类运行模式，在集中居住区设立“一户两桶”，受益居民3554户。年末，通过苏州市、常熟市首个垃圾分类全覆盖片区化建设验收。

【垃圾清运】 2020年，东南街道中端收运体系完善，区域内配备其他垃圾、厨余垃圾、可回收物、有害垃圾等分类收运车辆20多辆，基本满足生活垃圾分类收运需求。引进第三方收运服务，实现18条商业街撤桶，实施垃圾分类上门收运。完成220多家企业单位“三定一督”垃圾分类收运模式，建成永旺梦乐城智能垃圾分类收运设施。所有物业小区实现“一日两清”收运模式，推广“互联网+”上门预约回收垃圾服务。

【治污专项行动】 2020年，东南街道开展城乡环境“两清两治”（清除脏点死角、清除各类乱象，治理村庄环境、治理道路环境）、“三清一改”（清理农村生活垃圾、清理村内塘沟、清理畜禽养殖粪污等农业生产废弃物，改变影响农村人居环境的不良习惯）专项整治行动。党政领导参加清洁行动18人次，班子成员参加清洁行动100多人次，每周机关工作人员下沉参与环境整治行动累计120批次，召开农村人居环境整治专题会议50多次。做到“三个到位”，即：经费保障到位，专门设立村级长效管理助理经费300万元，与长效管理以奖代补资金相挂钩；整治队伍到位，为环境治理工作保障人力，统一部署、精准发力；宣传发动到位，多元宣传方式相结合，广泛宣传农村人居环境整治正能量。年内，苏锋村入选苏州市农村人居环境整治示范村。

【危险废物规范化管理达标建设】 2020

年，高新区安环局组织152家重点企业开展危废规范化管理达标建设，对企业危废存放场所、转移、处置等工作的现场进行检查评分并提出整改要求。175家企业的危废仓库内外部安装摄像头，25家辐射企业完成自查年度申报。根据2020年新修订的《中华人民共和国固体废物污染环境防治法》规定，督促年产废量100吨以上的20家重点企业安装智能地磅称重系统，并将信息接入高新区危废智能监管平台进行全过程监控。

（高新区安环局　东南街道环管物业办）

财政·税务

综 述

【概况】 2020年，高新区完成全口径财政收入115.37亿元，比上年增长33.02%；一般公共预算收入32.18亿元，比上年增长5.98%。财政总支出74.43亿元，比上年增长65.55%。其中，一般公共预算支出完成24.39亿元，比上年增长23.06%；政府性基金支出50.04亿元，比上年增长99.05%。高新区财政支出围绕医疗卫生、文化教育、环境整治、企业发展等方面，持续关注民生，突出抓重点、补短板、强弱项，使人民群众有更多的获得感、幸福感。高新区税务分局贯彻执行税收、社会保险费和有关非税收入法律法规、规章和规范性文件精神，负责所辖区域内所有纳税人（缴费人）的基础税（费）源管理和低中等风险应对工作，完成国家税务总局常熟市税务局和地方政府交办的其他工作。

【保障社会民生事务支出】 2020年，高新区一般公共服务支出1.45亿元，保障区内各部门、各单位正常高效运转。用于公共安全、交通综合整治等支出3369万元，社会保障、就业和民政临时救助等支出1803万元，教育基建投资支出1.24亿元，卫生健康支出1310万元，节能环保支出1753万元；用于城乡社区道路环境整治、绿化养护、垃圾分类等支出2.29亿元，农村河道疏浚、美丽村庄建设、农村道路建设和村容村貌整治等支出4005万元。

【财政支持产业发展】 2020年，高新区财政局落实各项惠企政策，服务全区经济高质量发展。用于招商引资等专项扶持资金16亿元，高质量发展资金和人才发展专项资金1.5亿元。大力支持自主创新、着力打造现代产业体系以及引进高层次人才，协助企业运用政策优势转型升级。

【税务队伍作风建设】 2020年，高新区税务分局加强作风建设，组织全体干部及其家属走进沙家浜，开展党史学习教育沉浸式主题党日活动，参观沙家浜革命历史纪念馆和沙家浜廉政教育基地；组织家属进行座谈交流，了解干部“八小时以外”交往情况、兴趣爱好和业余生活情况，征集家属对分局党风廉政建设方面的意见建议。

【税收宣传与服务】 5月21日、5月22日，高新区税务分局组织干部先后到常熟国际学校、常熟市东南实验小学开展“税收普法进校园”活动。5月22日，以“减税费优服务，助复产促发展”为主题，联合市税务局税政股业务骨干到常熟世界联合学院开展面对面税收优惠政策辅导交流。该分局还到大学科技园宣传小微企业普惠性税收减免政策；结合税收宣传月，对辖区内2527户企业开展3场次大规模深化增值税改革政策培训；结合个人所得税全员全额明细申报，将政策关注点一并辅导提醒到位。

（高新区财政局　高新区税务分局）

财政管理

【概况】 2020年，高新区财政局实施年度债务融资计划，有效管控融资成本；严格管理财政投资项目决算审计和竣工财务决算，完善政府内部审计与监督，对国有资产实行全程监管；成立政府引导基金，高质量推进重大项目建设。东南街道依托常熟市农村集体资产交易监管平台，提高农村集体资产管理水平，全年稳定性收入5808万元，比上年增长3.14%。

【政府债务管理】 2020年，高新区财政局制订年度债务融资计划，确定债务融资规模，改善融资产品结构，有效管控融资成本，防范化解债务风险。设立“常熟高新区投资引导基金”，交由常熟开晟东南创业投资管理有限公司管理，积极发挥政府基金引导作用，促进融资配套服务，推动企业创新发展，加快企业转型升级。

【政府投资项目管理】 2020年，高新区财政局加强财政投资项目决算审计和竣工财务决算管理，项目决算出具报告11个，决算审核平均核减率约为11.53%；完成财政投资项目竣工财务决算报告3个，完成投资总额14.28亿元。

【政府内部审计与监督】 2002年，高新区财政局针对区内4个预算单位的内部控制、财务核算、国家经济政策落实及“三公经费”支出等方面进行内部审计与监督。对审计中发现的相关问题，及时督促相关单位进行整改。

【国有资产管理】 2020年，高新区贯彻执行上级部署的有关国有资产监督管理的法律法规，履行国有资产出资人职责，对国有资产配置、使用、出租、出借等环节实行全程监管，确保国有资产保值增值。按时完成年度行政事业单位资产月报和资产年报的编制工作。加快推进国有企业实体化转型步伐，成立常熟高新产城建设发展有限公司，整合国有资产整体高效有序运行，推动高新区经济社会高质量发展。

（李虹　高叶　李幽草）

【国有资产经营】 2020年，高新区立足产业升级与产城融合转型发展，重点围绕企业创新创业需求进行产业载体建设、城市功能配套及基础设施建设，出资成立政府引导基金，发挥基金杠杆作用，投向汽车及零部件、高端装备制造、高端电子信息和高技术服务业等主导产业，高质量推进区内重大项目建设，为招商引资、招才引智、企业落户、项目发展等提供便利条件。新建载体约13万平方米，其中昆承湖日航国际中心建筑面积7.3万平方米，基础设施建设投入3.19亿元；成立产业引导基金，注册资本15亿元，投资项目18个。

（高新区财政局）

【农村集体资产管理】 高新区（东南街道）辖区有行政村4个，户籍人口1.6万人。至2020年末，东南街道农村集体资产总额5.65亿元，其中经营性资产总额5.12亿元，非经营性资产总额5292.89万元。依托常熟市农村集体资产交易监管平台，街道农村集体资产交易成效239条，合同总金额2936.68万元。2020年，高新区（东南街道）村级集体总收入7981.34万元，其中经营性收入6277.73万元、投资收入924.27万元、补助收入587.15万元、其他收入192.19万元。街道全村级稳定性收入5808万元，比上年增长3.14%；街道全村级总支出7494.99万元，其中经营支出3121.05万元、管理费用1127.6万元、福利费支出570.76万元、股金支出1316.72万元、其他支出1358.86万元。

（东南街道村社办）

教育

综 述

【概况】 2020年，高新区（东南街道）共有公办性质学校5所，其中，幼儿园1所，小学1所，初中1所，职业技术学校1所，大学1所。另有民办学校8所，其中普惠制民办幼儿园1所。全区共有公办学校教职工2500多人、学生3.2万多人，另有民办学校教职工800多人、学生4000多人。

【教育投入】 2020年，高新区（东南街道）推进启文幼儿园、启文小学、启文初中建设工程。为常清中学党员活动阵地建设、校园文化建设、东南实验小学设备更新以及东南幼儿园设施维护改造等项目提供资金支持。全年按标准给予民办幼儿园经费补助330多万元，新市民子弟学校公用经费、校车运营补贴42万多元。

【教师培养】 2020年，高新区（东南街道）庆祝第36个教师节，对92名优秀教师和教育工作者予以表彰奖励。10月，对3名苏州市学科带头人、17名常熟市学科带头人、33名教学教育能手进行奖励，奖励金额8.2万元。

【校园安全工作】 1月13日，高新区（东南街道）文教办对学校、幼托机构进行卫生、安全检查；3月23日至24日检查学校疫情防控和安全工作。5月25日，文教办联合“331”整治、安监等部门组成联合督导组，对幼儿园安全工作进行督导检查。6月24日至25日，联合综合执法局、民政办卫计科对学校、幼托机构开展疫情防控检查。8月31日至9月5日，对各学校、校外培训机构开展疫情防控专项督导检查。11月2日至3日，卫计科对学校进行结核病防控检查。年内，高新区规建局多次开展学校燃气安全检查。

【校外培训机构整治】 5月，高新区（东南街道）下发《关于东南街道对校外培训机构复课的通知》，对校外培训机构进行全面摸排走访，指导机构做好复学前的各项准备工作，对日常安全给出科学建议。下半年，联合街道整治办、综合执法局、消防等部门对校外培训机构进行第二轮、第三轮检查。对晚托机构进行全面排查，禁止违规学科类培训。

表 8　　2020 年高新区（东南街道）公办、民办学校一览

学校名称	创办年份	地址	班级数（个）	学生数（人）	教工数（人）	占地面积（平方米）	建筑面积（平方米）	性质
常熟理工学院	1958	常熟市南三环路99号（东湖校区）、湖山路99号（东南校区）	14个二级学院（部）	20000	1450	1200000	600000	公办
常熟职业教育中心校	2005	常熟市高新区东南大道388号	147	5905	645	345335	166582	公办
常清中学	2019	常熟市高新区羿家路6号	24	1016	81	52431	39558.7	公办
东南实验小学	2015	常熟市高新区金启路8号	88	3995	214	42441.56	10610.39	公办
东南幼儿园	2013	常熟市高新区金启路6号	50	1568	207	42105.68	23802.93	公办
金仓幼儿园	2017	常熟市高新区金麟路60号	13	481	57	4800	3800	民办
国际学校	2011	常熟市高新区春霁路18号	67	1939	347	52000	55000	民办
湖畔幼儿园	2013	常熟市东南大道138号	12	398	50	2663	3517	民办
优达思幼儿园	2017	常熟市昆承湖西路88号	7	154	32	18000	5000	民办
国际学校附属幼儿园	2013	常熟市高新区东南大道110号东湖京华	9	216	67	3951	3051	民办
国际学校附属第二幼儿园	2014	常熟市高新区湖畔现代城	9	270	49	2669	3295.58	民办
世界联合学院	2015	常熟市昆承湖西路88号	1	505	155	70156	71763	民办
世华学校	2020	常熟市高新区福茂路302号	6	108	52	46302	84405	民办

（东南街道文教办）

常熟理工学院

【概况】 2020年，常熟理工学院（以下简称常理工）占地面积120万平方米，建筑面积60万平方米，建有东湖和东南两个校区。学院设有14个二级学院（部），49个招生本科专业，涵盖工学、理学、文学、经济学、管理学、教育学、艺术学等7大学科门类，面向全国21个省区市招生；普通全日制在校本科生2万人，联合培养全日制研究生1.24万多人，继续教育学院成人学历教育在籍学生6600人。省内招生录取分数创新高，文理科投档线分别为336分和342分，共录取本一线上考生567人。2020届毕业生年终就业率为95.45%，常理工被评为“江苏省高校毕业生就业工作先进集体”。面对疫情，全面做好疫情防控工作，确保师生生命安全和身体健康。

【师资队伍】 到年末，常理工教职工共1450人，其中专任教师1100人，高级职称教师640人，博士530人。有国务院政府特殊津贴、江苏省有突出贡献中青年专家、省“333工程”“青蓝工程”“六大人才高峰”培养人选等200人，国家级教学名师、省级教学名师4人，省优秀教学团队（科技创新团队）11个。全年引进高层次人才98人，其中，博士81人，硕士12人；正高职称9人，副高职称37人。专任教师中博士占比突破52%，高级职称占比达到55%，45周岁以下教师占比达到70.8%。

常熟理工学院（高新区党政办提供）

【人才培养】 2020 年，常理工现代产业学院建立全国第一家电梯工程学院、全省第一家光伏科技学院。学院获批 1 项省级重点产业学院，获得 1 项国家级高等教育教学成果奖，23 项省部级高等教育教学成果奖。荣获第十二届“挑战杯”中国大学生创业计划竞赛全国总决赛金奖、高教社杯全国大学生数学建模竞赛本科组一等奖。在第六届中国国际“互联网 +”大学生创新创业大赛中获得二等奖 2 项、三等奖 4 项。蝉联江苏省高教主赛道优秀组织奖并首次获得省红旅赛道优秀组织奖。学生全年参加各级学科竞赛 130 多项，获省级以上奖项 984 项，其中，国家级 484 项。组织申报并批准立项各级大学生创新创业实践训练项目 905 项，其中省级重点项目（推荐为国家级项目）29 项、省级一般项目 61 项、省级校企合作基金项目 10 项等。

【新增国家级一流本科专业建设点】 2020 年，常理工数学与应用数学、机械工程、电子信息工程、食品质量与安全 4 个专业获批国家级一流本科专业建设点，市场营销、测控技术与仪器、服装设计与工程 3 个专业获批省级一流本科专业建设点。到年末，累计有 7 个专业获批国家级一流本科专业建设点，7 个专业获批省级一流本科专业建设点。

【科学研究与社会服务】 2020 年，常理工申请各类知识产权 510 项，专利授权量比 2019 年增长 82.9%。获得各级各类科研项目 190 项，其中国家自然科学基金项目 11 项、国家社科基金项目 2 项、教育部项目 3 项、国家统计局项目 1 项、国防科工局分承研项目 1 项、教育部科技发展中心项目 1 项。教师获各级各类科研成果奖共 25 项。拥有 5 个省级重点建设一级学科，建有省级重点建设实验室 3 个、省级工程中心 1 个、省级联合技术转移中心 1 个、省高校人文社科校外研究基地 1 个，共建国家级大学科技园 1 个、省科协科技创新智库基地 1 个、省外国专家工作室 1 个。全年签订 441 个横向项目，完成江苏省技术合同免税认定登记合同 118 项，完成非免税合同登记 46 项等。

常理工声学技术现代产业学院揭牌（高新区党政办提供）

【省市共建重点项目】 3 月，苏州市政府支持省市共建常理工重点项目建设启动，提升常理工特色办学水平，促进学院人才、科研、智力等与苏州社会经济需求深度结合。重点工作是建设人工智能学院、电梯安全智能化管理学院、苏州纺织服装产业技术公共服务平台、汽车轻量化研究中心、超精密轴承技术研究中心、现代职教体系建设和师范教育项目，计划总投资9450万元，分三年实施，其中省教育厅投入3000万元、苏州市财政投入3000万元、常理工自筹3450万元。

【校地融合发展】 12月，市委副书记、副市长秦猛，市委组织部、科技局、商务局等部门负责人到常理工对接校地合作事宜。校地合作紧扣市委、市政府实施名城名校融合发展战略，加快构建服务地方经济高质量发展与高水平应用型大学建设同频共振的创新生态，实现区域产教融合高质量发展。根据常熟市经济和社会事业发展重点工作，重点围绕“声谷”产业发展、“氢能源”产业发展、“服装电商、平台经济、直播产业”等新业态，探究校地合作新路径、新机制，实现校地共荣。

【大学生创新创业大赛】 7月13日至15日，由江苏省教育厅主办、常理工承办的第六届江苏省“互联网+”大学生创新创业大赛“青年红色筑梦之旅”活动在沙家浜革命历史纪念馆和常熟理工学院举办，有红色文化主题宣讲、产业需求发布、大学生优秀红旅项目路演、主旨论坛、百校万名学子电商直播带货等活动。教育部高教司司长吴岩专题录制视频短片寄语江苏青年学子，江苏省教育厅厅长葛道凯开讲红旅思政微党课，省教育厅副厅长王成斌出席活动并讲话，苏州市政府党组成员吴维群、常理工校长江作军分别致辞。江苏省农业农村厅副厅长蔡恒、江苏省扶贫办副主任刘文俊、共青团江苏省委副书记张迎春、常理工副校长张根华、常熟市政府副市长赵红等嘉宾和来自全省高校的200多名师生参加活动。

（王愿）

江苏省常熟职业教育中心校

【概况】 江苏省常熟职业教育中心校（以下简称常熟职教中心）占地34.5公顷，建筑面积16.66万平方米，全日制在校生5905多人。学校以五年制高职教育为主，三年制中专教育、五年制高级技工教育为辅，是集全日制学历教育、成人教育与社会培训于一体的职业学校。2020年，学校设有8个系（部），有教职员工645人，其中，苏州市级以上学科带头人18人，常熟市级骨干教师155人，江苏省名师工作室1个，苏州市名师工作室6个，常熟市名师工作室4个，常熟市技能大师工作室2个。学校设有14个五年制高职专业，拥有5个江苏省品牌专业、4个江苏省现代化专业群。拥有中央财政支持的实训基地、国家级技能鉴定站、省级紧缺人才培养基地、省级技能教学研究基地各1个，建成3个江苏省高水平示范性实训基地、2个江苏省现代化实训基地、4个常熟市现代化实训基地、9个生产性实训基地及1个英国权威机构EAL认证的“现代学徒培训中心”。学校是教育部现代学徒制第二批试点单位，现代学徒制校企联合培养项目15个，覆盖所有专业，超过50%的毕业生为学徒制项目学徒。学校构建校企深度合作平台，现有奇瑞捷豹路虎学徒中心、明材智能制造学院、山水江南酒店管理学院、中德AHK-DMG MORI联合认证中心、清研汽车产业学院、联想互联网+人才培养基地等。现代学徒制校本实践最新成果《现代学徒制常熟实践》出版发行。

【承办省职业院校技能大赛项目】 1月3日至5日，常熟职教中心承办2020年江苏省职业院校技能大赛模具设计与制造技术项目，比赛由省教育厅、省职业技术教育学会、苏州市教育局主办。

【智能制造专业协作】 11月5日，常熟职教中心承办江苏联合职业技术学院智能制造专业协作委员会成立大会暨第一次全体委员会议，校长苏建青任专业协作委员会理事长。12月4日，该专业协作委员会新一轮专业指导性人才培养方案解读与培训会议在常熟职教中心召开。

【实训基地授牌】 11月24日，在常熟职教中心举行高新区校企合作职业技能人才就业实训基地联合授牌仪式，市委常委、高新区党工委书记王建国等出席活动。

【各级各类比赛成绩】 2020年，常熟职教中心参加江苏省职业院校创新创业大赛和“互联网+”大学生创新创业大赛，在“小能手废弃口罩回收箱”“直流系统防反击干扰电源滤波器”两个项目比赛中分获创意中职组二等奖和创意高职组三等奖。在江苏省职业院校技能大赛中，参赛选手获6金13银8铜，学校获团体优胜奖。

1月，承办2020年江苏省职业院校技能大赛模具设计与制造技术项目（高新区党政办提供）

学生参加省职业院校创新创业大赛（高新区党政办提供）

在文明风采大赛中，获江苏省优秀作品4项，苏州市一等奖5项、二等奖5项、三等奖23项。在江苏省级教学竞赛中获二等奖1项、三等奖9项。在苏州市级教学竞赛中获一等奖2项、二等奖7项、三等奖3项。在江苏联合职业技术学院选拔赛中获一等奖2项、二等奖3项、三等奖3项。在常熟市级教学竞赛中获一等奖1项、二等奖5项、三等奖7项。

（常熟职教中心）

常熟国际学校

【概况】 常熟国际学校由高新区投资兴建，由伦华教育集团全面管理，实施从幼儿园到初中12年一贯制国际化教育。2020年，学校占地面积5.2万平方米，建筑面积5.5万平方米。学校以“博慧”理念为引领，接轨国际，优化课程；创新与丰富语言文化节、科技节、体育艺术节等活动设置，建设书香校园。通过实施“一班一品”“智慧课堂”“家长工作坊”，开设“博慧讲堂”，评选“博慧之星”等途径传播伦华教育原创的“博慧”理念。连线新西兰的“空中课堂”、倡导师生同耕细

常熟国际学校教学楼（高新区党政办提供）

耘的“师生共研”实践活动、凸显问题解决的“STEM 项目研究”是学校的重点教育产品。学校有 15 名教师获评常熟市级及以上骨干教师，有 10 项省、市级规划课题立项或结题。在全市初升高考试中取得好成绩，学生获“剑桥卓越学子奖”。

【苏州市纪委领导到校指导工作】 12 月 7 日，苏州市纪委常委、党风政风监督室主任王虎一行到常熟国际学校考察指导新社会组织党的纪律监督工作，王虎对学校“博融天下，慧悦人生”的办学理念表示认可，认为特色课程的设置给孩子们多元发展的可能，市委常委、高新区党工委书记王建国等参加活动。

【红色课堂进校活动】 8 月，常熟市民办学校党建工作协作区红色课堂进民办学校——“不忘初心、牢记使命”主题党日活动在常熟国际学校举行，党建协作区各校校长及党务干部参加活动。国际学校党总支书记周伟东布置下阶段党建工作，各校校长就当前民办教育承载的使命及民办教育发展走向进行交流。

【党支部结对共建】 年内，常熟国际学校党总支与常熟零距离义工社党支部结对共建，在校内设立零距离义工志愿服务站，推进志愿服务活动。

常熟国际学校党总支与常熟零距离义工社党支部结对共建（高新区党政办提供）

【“伦耕园”探索实践活动】 2020 年，常熟国际学校学生走进大自然，开展“伦耕园”自然探索实践活动。“伦耕园”是常熟国际学校绿色课堂和实践基地，是学校的文化名片，通过实践培养学生实践能力，引导学生体会成长意义。

【环湖跑活动】 9 月，常熟国际学校举行“伦华健康行，十年再出发”环昆承湖跑暨庆祝第 36 个教师节活动，教职工分为 10 支队伍，奋力奔跑，向常熟国际学校建校 10 年致敬。

【文化艺术活动】 5 月，常熟国际学校举办第九届艺术节。9 月，在孔子诞辰日到来之际举办语言文化节暨第十届国学节，围绕“语言，行走的护照 Language is Our Passport”主题开展各项活动。

（常熟国际学校）

中国常熟世界联合学院

【概况】 2020年，中国常熟世界联合学院（以下简称常熟UWC）在校学生505人，全校教职工155人，其中外籍教师占三分之二。办学收入1.49亿元，支出总额1.47亿元，年度办学结余185.26万元。奖学金率为12.16%。

【课程设置】 2020年，常熟UWC提供11年级和12年级的IB文凭课程，学校设计10年级的IB预备班课程，为正式的IB文凭课程做准备。中国语言和文化课程是常熟UWC的特色之一，学生在课堂上学习中文，在知行活动中加深对中国文化的理解。学校配备专业中文师资，开设中国文学、语言和中国文化研究课程，满足不同组别学生的不同需求，涵盖三大组别七种不同程度的所有课程。中文A：文学课程（高级程度和普通程度）；中文A：语言和文学课程（高级程度和普通程度）；中文B：语言课程（高级程度和普通程度）、普通话Ab initio初学者课程。

【校园文化】 2020年，常熟UWC举办一年一度的中国文化主题晚会，致力于传播并弘扬中国传统与文化，让来自世界100多个国家的师生领略中国文化。学校结合常熟丰富的非物质文化遗产资源，开展舞龙、舞狮、划龙舟、武术、琴棋书画、扎彩灯、篆刻、剪纸等特色活动，帮助国际学生领会中国传统文化精髓。

（常熟UWC）

中国常熟世界联合学院（高新区党政办提供）

常清中学

【概况】　常清中学是由常熟市教育局与高新区主办、清华大学附属实验学校支持办学的一所初级中学。2020 年，在校生 1016 人，教职员工 81 人，其中，常熟市学科带头人 3 人、教学能手 5 人，高级教师 3 人。学校以特色德育立校，以优质课程强校，以教师发展兴校，以科学管理治校，以“法古今完人,育博雅君子”为办学目标。学校建立全国知名专家培育指导制度，创设“博雅君子校本课程体系”，开设人文素养、科学素养、艺术素养、体育与健康四个板块共 32 门选修课。2020 年，被评为“苏州市健康学校”“常熟市无烟学校”。11 月，学校啦啦操代表队在常熟市中小学生校园足球啦啦操比赛中获一等奖。

【首届校园歌手大赛】　6 月，常清中学举办“乐动心声　少年清韵”首届校园歌手大赛，抒发家国情怀，释放青春激情，营造格调高雅、健康文明的校园文化氛围，展现常清学子锐意进取、蓬勃向上的精神风貌。

【第二届学生科技节】　9 月 11 日，常清中学启动第二届学生科技节，邀请清华大学航天航空学院教授、青少年科普专家高云峰教授到校指导，并为初一、初二学生做“steam 教育与创客融合”“解决复杂问题

常清中学校门（高新区党政办提供）

11月，常清中学学生在市中小学生校园足球啦啦操比赛中获一等奖（高新区党政办提供）

的方法与手段”两场专题讲座。

【协办市中小学生田径运动会】 9月24日，在常清中学举行常熟市中小学生田径运动会，运动会由市教育局、市文体广电和旅游局主办，高新区、东南街道办事处承办，常清中学协办，来自全市14个代表队的800多名运动员、教练员和领队参加运动会。市政府副市长赵红，高新区党工委委员、管委会副主任张宁江等参加运动会开幕式。

【第二届“三行诗”创作活动】 9月26日至10月16日，常清中学举办第二届“三行诗”创作活动，活动以“致人民英雄”为主题，用清新直白的“三行诗”向钟南山、张伯礼、张定宇、陈薇4位抗击新冠肺炎疫情的英雄致敬。活动期间，全校师生共创作诗歌900多首。

【学生诗歌获奖】 11月，常清中学钱韵蓝、郑楷皓、万紫萱、王思雅、李文杰5位学生的原创诗作《我想把梦托给春天》参加由市精神文明建设指导委员会办公室和市教育局主办的“童心里的诗篇”第三届常熟市少儿诗会展演活动，常清中学获优秀组织奖。

（常清中学）

东南实验小学

【概况】 常熟市东南实验小学（以下简称东南实验小学）建筑面积4.2万平方米（不含扩建用房），有88个教学班，3995名学生。教职工214人，其中苏州市学科带头人2人，常熟市学科带头人12人、教学能手19人。学校以“为未来准备，从东南出发”为办学理念，以“养正、归真、修善、尚美”为校训，以“道启东南，情浓水墨”为校园文化构想，开展素质教育活动。“弘扬言子文化，化育东南学子——‘东南新六艺’课程实践”省级小学特色文化建设项目，被评为“江苏省基础教育课程基地优秀建设项目”。学校先后获得“全国书法教育实验学校”“中国书法（写

东南实验小学书法课程现场（高新区党政办提供）

东南实验小学古筝课程现场（高新区党政办提供）

字）特色学校”“江苏省硬笔书法实验基地”“江苏省中小学书法特色学校（牵头学校）”“江苏省中小学书法教育示范学校”“苏州市书法先进集体”“苏州市书法师资培训基地”“苏州市艺术教育特色学校”等称号，在苏州市、常熟市整班性毛笔字、钢笔字、铅笔字比赛中，连续15年蝉联一等奖。学校还获得“全国青少年科普创新基地”“苏州市中小学家庭教育课程项目学校”“《写作》《华夏教师》《语文世界·教师之窗》学术研究基地学校”“苏州市节水型学校”“苏州市文明校园”“新入职教师培训工作优秀基地学校”“苏州市首批创客实验学校”“苏州市首批机器人项目实验学校”“江苏省健康教育促进学校”“江苏省智慧校园”等称号。

【教育教学课题研究活动】 6月15日，东南实验小学举行江苏省中小学教学研究立项课题“寻美课程的实践研究”开题论证会。12月29日，举行苏州市教育科学“十三五”规划课题“教学执行力：基于课堂观察的实践研究”中期论证活动，市教师发展中心、实验小学协作集团部分学校教科室主任及课题组核心成员参加活动。

【融合教育研讨活动】 6月23日，常熟市融合教育教学研讨活动在东南实验小学举行，王静静老师公开讲授部编版六年级教材《毕业赠言》，市特教指导中心负责人参加研讨。活动采用线上观摩的形式，各校在线收看活动全过程。

【慈善日主题系列学习活动】 9月5日，东南实验小学与东南街道民政办共同举办“慈善日”主题系列学习活动，以班级为单位举办慈善主题班会，四年级举办慈善主题手抄报比赛，六年级开展慈善主题优秀习作活动。

【思南县教师到校交流】 9月18日，贵州省思南县28位中小学教师到东南实验小学考察、交流，黄忠平校长介绍学校办学事业情况，陈万安副校长做题为“学校特色文化课程体系的整体设计”的工作通报。

【大阅读系列展示活动】 9月24日，“沐缕缕书香，绘悦读童年”常熟市大阅读系列展示活动暨实验小学协作集团阅读特色展示活动在东南实验小学举行，4位教师进行班级阅读活动课展示，学校惠风诗社作品集《四叶草》首发。

【省政府履行教育职责考评】 10月20日，江苏省政府履行教育职责实地考评组倪娟、陈绳伟到东南实验小学，对政府履行教育职责情况进行实地考评，市政府教育督导室副主任潘一兵、东南街道党工委委员姚彩莲等参加活动。

【与常理工开展合作】 10月22日，常理工张云霞、王斌、费振新等到东南实验小学走访交流，东南实验小学校长黄忠平、副校长金映秋等参加活动，双方签署《共建教学实习基地协议书》。

【作家进校园活动】 10月27日，东南实验小学邀请儿童文学作家、三届冰心儿童图书奖获得者英娃走进校园，举办“英娃读者见面会”。英娃围绕“有了爱就有希望——绿色阅读，点亮生命”主题，与四年级学生互动交流。

【参加市少儿诗会电视展演活动】 11月6日，东南实验小学学生梅姿的作品《绿水青山，都是你的样子》参加“童心里的诗篇”第三届常熟市少儿诗会电视展演活动。

【青少年法治教育工作座谈会】 11月14日，国家法治宣传检查组到东南实验小学，围绕青少年法治教育工作进行座谈，司法部普法与依法治理局法治文化处处长胡振毅、甘肃省司法厅普法与依法治理处处长胡连峰等参与交流，江苏省司法厅，苏州市司法局，常熟市公安局、司法局等部门负责人参加活动。

（东南实验小学）

学前教育

【概况】 2020年，高新区（东南街道）共有6所幼儿园，其中，公办园1所、普惠园1所、民办园4所，共计100个班，幼儿3087人，教职工462人。专任教师学历合格率100%，本科学历率84.3%。教师中有苏州市学科带头人1人，常熟市学术带头人1人，常熟市教学（教育科研）能手10人，幼教高级教师3人。3月，常熟市国际学校附属第二幼儿园获评“苏州市优质幼儿园”。

【垃圾分类工作得荣誉】 6月，东南幼儿园获得首批“苏州市生活垃圾分类工作先进学校”荣誉称号。东南幼儿园是常熟市第一所获得国际生态园绿旗荣誉园，在垃圾分类工作中幼儿、家长和教师齐参与，一个幼儿带动一个家庭，一个家庭带活一个社区。

【苏州市教育教学成果奖一等奖】 12月，东南幼儿园教师任莉、喻小琴、郁云萍共同完成的“区域活动‘关键经验发展指标体系’的构建与应用”研究课题，获得2020年苏州市教育教学成果奖一等奖。

【深化学前教育课程游戏化建设】 1月，东南幼儿园本部承办常熟市课程游戏化“抱团行动小组”第三次活动，通过现场研讨，实践“深度学习”理念。苏州市教科院、市教育局相关负责人以及“抱团行动小组”16所幼儿园的园长、保教主任参加活动。

【社会办幼儿园成绩】 12月，在常熟市社会办幼儿园年度考核评估中，国际学校附属幼儿园获一等奖，金仓幼儿园获二等奖，湖畔幼儿园、国际学校附属第二幼儿园获三等奖。12月，金仓幼儿园获评“常熟市青年文明号”。社会办幼儿园幼儿教师资质占比提升，课程游戏化建设成效增强，幼儿课程理念逐渐形成，教师专业能力逐步提高。

（东南街道文教办）

社区教育

【概况】 2020年，东南街道坚持“道启东南守初心，文明实践润民心”理念，推进终身教育事业，提升社区教育水平。东南街道社区教育中心坚持构建终身教育体系的理念，以提高社区居民素质为工作重点，提高社区生活质量，促进社会经济和谐发展。

【社区教育硬件投入】 2020年，东南街道社区中心建有健身房、道德讲堂、乒乓室、电子阅览室、日间照料中心、康复保健室、妇女儿童之家、评弹室、青年之家和各类培训教室。东南图书馆新增藏书1529本，对2家农家书屋补充图书1000本。推进公共体育设施升级，更新村（社区）全民健身路径5套，新增全民健身路径32套，新增室外乒乓球台8张，新增健身步道10千米。

【社区教育影响力扩大】 2020年，东南

8月12日，东南街道"七彩的夏日"活动举行（高新区党政办提供）

暑期书法课程现场（高新区党政办提供）

街道各行政村（社区）都建有妇儿之家、社区大讲堂等，实现教育设施全覆盖。各部门按照相关职能开展活动，各学校开展特色教育活动，使居民享受社区教育资源，提升全区终身教育事业水平。

【未成年人素质培训】 2020年，东南综合文化服务中心在暑期开设钢琴、儿童画、国画、书法、铅笔字等幼儿和少儿类公益课程，178名学生参加培训。各村（社区）居民学校围绕社会主义核心价值观、家风传承、垃圾分类等主题开展"七彩的夏日"夏令营活动，参与活动的有1500多人次。

【成人课程培训】 2020年，东南街道依托常理工、常熟职教中心以及各中小学师资，聘请社会上有专业特长的名家开展培训，开设健身、乒乓球、瑜伽、插花等周末课堂，举办"一堂好课——东南艺术课堂"系列讲座，先后举办油画、摄影、写作、吉他等讲座。每周定期开设青春期心理和绘本公益课程。

【资金投入和队伍建设】 2020年，东南街道将社区教育经费纳入预算，按照人均不少于4元的标准，设立专项经费35.4万元；建立健全科学规范、高效快捷的资金拨付制度，专款专用。建立一支由10人组成的专职教师队伍，同时组建由35人组成的兼职教师队伍，来自常熟职教中心、常清中学、东南实验小学等学校的众多优

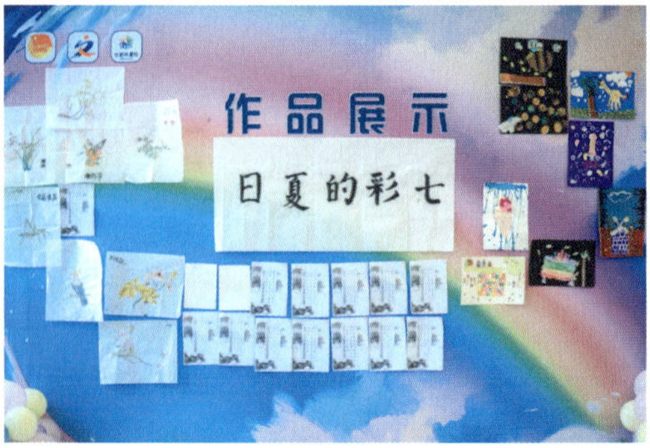

8月，暑期课程学生作品展示活动举办（高新区党政办提供）

秀教师参与社区教育。组建社区教育志愿者队伍，有3900多人参与服务，共同推进社区教育。

【社区教育惠民项目】 2020年，东南街道通过“道启东南　融慧教育”项目，对新市民子女进行校外教育，让他们更好地了解城市、融入城市。项目由寻访历史、书香浸润、筑梦未来、文明东南、素质教育等几个板块组成，此项目在市社区教育项目评比中名列前茅。

【社区教育成果】 2020年暑期课程结束后，东南街道社区教育中心举行结业仪式，展示学员书法、绘画等作品，展示培训效果。举办“未来杯”常熟市少儿绘画大赛，600多幅作品进入初赛环节，100多名选手进入复赛，60名选手晋级决赛。国庆期间，举办“颂高新　书变化　画发展”书画比赛，参赛作品100多幅，展现时代风貌，弘扬优秀传统文化。

【各类创建工作完成】 11月，东南街道建成江苏省标准化社区教育中心。12月，推进村（社区）标准化居民学校建设，启文社区、湖畔社区、昆承村成功创建省标准化居民学校，至此，东南街道所有村（社区）都已完成创建。

（东南街道文教办）

文化·体育

综 述

【概况】 2020年，东南街道完善公共服务体系建设，加强阵地建设，开展文化惠民工程。创作文艺作品，开展特色主题活动，丰富市民文化生活。建设全民健身中心、多功能运动场地、文化体育广场、健身公园等运动空间；公办学校体育场和文化中心体育场向群众免费开放；开展各类群体活动，增强市民体质。到年末，有体育社团5个。

（东南街道文教办）

文 化

【概况】 2020年，东南街道不断完善公共服务体系建设，加强阵地建设，实现村（社区）综合性文化服务中心全覆盖。开展惠民工程，累计开展各类文化活动50多场次，线上线下服务近100万人次。创作文艺作品，围绕圆梦小康主题创作原创作品3部，通过各种形式开展文联特色活动。构建公共服务设施网络，设有街道

东南综合文化服务中心（高新区党政办提供）

级文化中心1个，村（社区）级综合文化服务中心7个，总建筑面积1.6万平方米，实现街道和村（社区）综合性文化服务机构全覆盖。依托中心场馆资源，开展艺术培训、全民阅读、文化配送、舞台表演、艺术作品展览等公益性群众活动，引进社会力量开设各类艺术培训班。部分社区引进第三方社会服务机构，为群众提供“家门口”的公共文化服务，丰富居民文化生活。通过线上线下相结合、站内站外相补充等形式，开展文化惠民活动，全年开展各类群众文化活动277场次，其中各类文艺展演和文化活动54场次、各类文化培训班160场次、农村电影放映50场次、各类展览13场次。

【东湖社区“向日葵”亲子小屋】 2020年，东湖社区在京润苑11幢“和润先锋站”建成“向日葵”亲子小屋，打造亲子活动和家庭指导服务阵地。亲子小屋从认知、语言、音乐、运动等领域设计活动内容，邀请辖区内专业机构教师开展现场教学，课程包括：图形、数的概念、儿歌、乐器认知、角色扮演、感知节奏、四肢协调、平衡能力等。社区工作人员建立2个亲子交流群，每周初发布当周课表供家长选择报名。年内，有73组家庭登记在册，开展46次课程教学，服务婴幼儿800多人次。

【童心公益课堂】 2020年，湖畔社区联合多方力量成立社区童心公益课堂，结合

东南街道创作以抗击疫情为主题的小品《“小康”卫士》（高新区党政办提供）

常理工志愿者队伍和社会志愿者资源，定期开展未成年人活动，培养未成年人动手能力、语言表达能力等。全年开展活动6类20多次，参与活动600多人次。

【“清廉家风　幸福小康”主题文化活动】 5月9日，在小康村宪法廉政文化园内举办“清廉家风　幸福小康”主题文化活动，现场参与群众100余人。活动征集各类家书、书画作品等10余份，通过现场诵读、展示等形式，号召村民建设文明家风。

【启文社区国庆文艺汇演】 9月25日，东南街道在金狮薇尼诗西区北广场举行“月圆星相伴　幸福邻里情”国庆文艺专场演出，邀请启文社区的共建单位、辖区内的文体团队等参加演出，节目类型有乐器表演、歌曲舞蹈、小品等。参演人员50多人，吸引500多名居民欣赏演出。

【迎新春文艺汇演】 1月11日，第三届苏

1 月 11 日，东南街道迎新春文艺汇演举行（高新区党政办提供）

州市群众文化“繁星奖”优秀作品惠民展演季常熟市级巡演暨东南街道迎春节文艺汇演在东南文化中心举行，本土明星登台表演，第三届苏州市群众文化“繁星奖”得奖作品上台展示。

【“童心梦未来”少儿绘画大赛】 6月初，东南街道举办首届“华发杯”常熟市少儿绘画大赛，活动以“童心梦未来”为主题，来自初中、小学和幼儿园的学生用画笔勾画出心中的“未来常熟”，通过网上报送、现场送达或集中报送等途径，最终有600多幅作品进入初赛。经过复赛，60名选手进入决赛，分组别（少年组、儿童组小学段、儿童组幼儿园段）决出一、二、三等奖和优秀奖若干名。

【“我的舞台我的梦”常熟舞王大赛】 7月30日，在东南党群服务中心举办“我的舞台我的梦”2020年常熟舞王大赛暨“湖畔现代城杯”第六届常熟星·舞蹈大赛晋级赛沙家浜东南街道赛区比赛，经前期初赛选拔，共有16组选手晋级决赛。参赛节目以拉丁舞、中国舞为主，经过激烈角逐，东南街道的三个节目分获第一名、第三名、第五名。

【“情系东南，共享小康”综艺专场】 9月30日，在东南街道党群服务中心举办美好常熟——2020年文化惠民券项目“情系东南，共享小康”综艺专场活动，汇演展现高新区（东南街道）广大群众的新生活、新变化。

9 月 30 日，“情系东南，共享小康”综艺专场举行（高新区党政办提供）

“新春送福”写春联活动举行（高新区党政办提供）

【精品文艺创作】 2020年，东南街道围绕“圆梦小康”主题，结合文体赛事精神与学校学生亮点创作舞蹈《传接棒》。结合小康村干部群众同心协力抗击疫情创作小品《“小康”卫士》，编排小品《实事求是》。3件作品在多地表演并分别获得市级“百年奋斗 圆梦小康”主题文艺作品会演舞蹈类银奖、戏剧类铜奖和优秀剧作展演奖。

（东南街道文教办）

体 育

【概况】 2020年，高新区完善体育设施，建设全民健身中心、多功能运动场地和健身公园，改造塑胶路面，新增球类运动场地，维护体育设施。推进体育社团建设，开展国民体质检测；开展各类群体活动，参加各级体育赛事。

【完善体育设施】 2020年，高新区建有1个全民健身中心、一块2000多平方米的多功能运动场地和一个健身公园，东南街道村（社区）建有体育活动室、面积为1000多平方米的多功能运动场地以及健身公园。年内改造塑胶路面2.4千米、文化体育广场3个，新建足球场1块、三人制篮球场1块，新增环湖健身步道10千米、健身路径32套、室外乒乓球台8张，更新健身路径4套，维修健身路径2套。

【开展群体活动】 2020年，东南街道结合全市第二十五次“全民健身月”活动，组织开展“昆承杯”足球联赛、街道掼蛋比赛、瑜伽活动、篮球友谊赛、环湖健步走、重阳节健步走、广场舞、广播操、达标测试等体育活动。在昆承湖畔承办江苏省“水韵江苏”赛艇嘉年华常熟站比赛以及江苏省风筝争霸赛。各类体育活动参与者近10000人次。

【国民体质监测】 8月27日至31日，在东南街道党群服务中心国民体质测定与运动指导站开展国民体质监测活动，为750名人员进行测试，体质监测合格人数占总

8月27日至31日，东南街道开展国民体质监测服务（高新区党政办提供）

检测人数的98%。

【参加市级赛事】 8月8日全民健身日当天，东南街道组织选手参加常熟市广播操比赛，获一等奖。参加市国家体育锻炼标准达标赛，获团体二等奖。参与“共圆小康梦 幸福舞起来”广场舞大赛，获优秀奖。

【举办足球联赛】 10月，高新区第二届“昆承杯”足球联赛在市体育中心举行，全区16支球队参加比赛，高新区机关队获亚军。

（东南街道文教办）

8月8日，东南街道组织选手参加市广播操比赛（高新区党政办提供）

医疗卫生

综 述

【概况】 2020年，高新区（东南街道）有1个社区卫生服务中心、2个社区卫生服务站。为适应基层医疗卫生工作和满足群众健康需求，高新区医疗卫生工作以提升基本公共医疗卫生服务质量和百姓健康水平为目标，创新公共卫生服务机制、完善公共卫生服务体系。东南社区卫生服务中心全年门诊人数2.82万人次。湖畔社区完成江苏省级健康社区创建，昆承村、常清中学完成苏州市级健康场所创建。

新冠肺炎疫情防控

【概况】 2020年，高新区（东南街道）为有效遏制新型冠状病毒疫情蔓延，按照“党委统揽、分片承包、网格管理、群防群控”的原则，全年共核实市指挥部推送的涉及疫情人员信息1万多条，累计实施居家隔离5952人，组织核酸检测2450人，确保辖区疫情防控工作得到落实。

【疫情防控组织网络】 2020年初，高新区（东南街道）成立疫情防控指挥部，分为居民、企业、农业农村、农贸商场、学校等工作模块，组建医疗应急组、企业防控组、社会及社区防控组、宣传报道组、物资后勤保障组等11个防控小组，实行网格化、地毯式管理，将排查对象逐一明确，责任到人；开设疫情防控值班电话，指派专人24小时值班。

【防疫宣传】 2020年，高新区（东南街道）通过制作LED屏、通知栏、宣传标语，发放宣传单等方式，做到疫情告知全覆盖。全年共印发新冠肺炎知识宣传折页、宣传单3万多份，宣传条幅600多条，海报1000份，布置户外宣传广告200多块。通过微信公众号发布疫情防控科普文章、新闻稿件等共172篇，启用10辆广播宣传车，流动播放疫情防控知识。

【人员摸排】 2020年，高新区（东南街道）新冠肺炎疫情防控指挥部共核实市疫情防控指挥部推送的人员信息1万多条，接打电话5万多次。累计实施居家隔离5952人，上门走访2万多次。为无居家隔离条件的人员开设集中观察点，累计接收隔离人员386人；为生活有困难的隔离对象解决问题43件。对不配合隔离的人员，联系派出所采取强制措施21起。

【核酸检测】 2020年,高新区(东南街道)对人员进行摸排,督促企业和个人在规定时间内完成核酸检测,做到中高风险地区来常人员应检尽检,涉及高风险地区的人员实施14天集中隔离。全年共组织核酸检测2450人,涉外人员239人。

【冷链环节病毒检测】 2020年秋冬季,高新区(东南街道)针对多地冷链环境中多次检测出新冠病毒核酸阳性的情况,按照规范对冷链食品、食品存储环境和相关从业人员进行核酸检测,做到应检尽检。涉及相关冷链企业14家,相关从业人员20人,每逢周三对此类人员进行一次核酸检测。冷链企业食品样本每周送检一家,一个季度内做到核酸检测全覆盖,防止新冠病毒在冷链物流渠道传播。

【重点场所病毒检测】 2020年,高新区(东南街道)对容易发生人员集聚的重点场所进行定期检查,全程监控,确保安全。督查农贸市场、综合商业体、宗教场所、文化娱乐场所等人员密集场所的防控措施,各相关部门开展各类检查200多次。停办或简办农村丧宴喜宴,会同各村和市场监督分局上门劝阻11次。

【防疫物资购置发放】 2020年初新冠肺炎疫情暴发后,高新区(东南街道)先后投入400多万元,购置口罩、体温计和消毒用品等防疫物资,发放到各村(社区)。全年累计发放各类医用口罩1.09万副、手套3696双、防护服872件、护目镜及防护面屏346个、各类消毒用品2846套。共收到慈善捐款1.42万元,接受各类捐赠物资6643份。

社区卫生服务

【概况】 东南社区卫生服务中心位于金麟路东渔村村委会旁,占地面积6123.9平方米,建筑面积6633平方米,有职工37人、卫技人员32人(高级职称5人、中级职称8人、初级及以下职称19人),开设核定病床30张。全年门诊2.82万人次,医疗总收入约1329万元。

【居民健康档案建档】 2020年,东南街道根据《国家基本公共卫生服务规范(第三版)》要求,新增健康档案建档17550人,二星以上建档数46491人,居民健康规范化建档率73.45%。

【计划免疫接种】 2020年,东南社区卫生服务中心免费接种一类苗1.59万针次,乙肝疫苗首针接种及时率86.79%,麻腮风疫苗接种及时率95.85%。对2个公办托幼机构、7个民办托幼机构和2所小学共查证2217人，查验率100%。接种证查验率100%，接种证查验人员培训率100%。幼儿园和小学的儿童预防接种史建账（册）率100%。

【慢性病患者管理】 2020年，东南街道加大慢性病患者发现力度，通过各项体检共筛查2886人。高血压病人规范化管理2562人，管理率100%；糖尿病病人规范化管理739人，管理率100%。高血压病人健康体检2581人，体检率100%；糖尿病病人健康体检741人，体检率100%。

【孕产妇健康管理】 2020年，东南街道严格按照《孕前和孕期保健指南》和国家基本公共卫生服务规范要求开展孕期健康管理。早孕建卡503例，建卡率100%。孕产妇健康管理率100%，孕产妇早期产前检查人数503人，早孕建卡率70.4%；产前检查2329人次，产前检查率100%；高危孕产妇管理率100%。产后访视583人次，产后访视率94.6%。产后42天检查219人。

【0—6岁儿童健康管理】 2020年，东南街道按照要求开展新生儿上门访视和婴幼儿管理工作，完成新生儿访视566人次，建立儿童保健手册823份，体检5475人次。入托入园体检1230人，入托入园体检率100%。保教人员体检321人，体检率99.4%；“六一”体检2521人，体检率82%。

【老年人健康管理】 2020年，东南街道制定《东南街道老年人健康体检工作实施方案》，按照规范要求开展65周岁及以上老年人健康管理工作，完成老年人健康体检2698人次。

【严重精神障碍患者管理】 2020年，东南街道实行严重精神障碍患者电子信息化管理，严重精神障碍患者共登记在册117人，健康体检47人，体检率43.6%。

【肺结核患者健康管理】 2020年，东南街道按照《肺结核患者健康管理服务规范》对肺结核患者进行管理，肺结核可疑症状者任务数3人，发现可疑症状者12人，完成率400%。村级推荐任务数190人，完成191人，完成率100%。免费查痰23次，查胸片12次，肝肾功能检查54次。

【中医药健康管理】 2020年，东南街道根据规范要求，开展0—36个月儿童中医药健康管理，完成0—36个月儿童中医药保健指导1483人次。有序推进老年人中医药健康管理服务，完成老年人体质辨识指导1100人次。

【健康教育】 2020年，东南街道发放健康宣传资料6803份，设置健康教育宣传栏5个，宣传内容更新36次。开展公众健康咨询服务4次，参与人数共计535人；

举办健康教育知识讲座7次，参与人数共计244人。

【传染病及突发公共事件管理】 2020年，东南街道按照《传染病防治法》《突发公共卫生事件应急条例》等有关法律法规要求，开展传染病及突发公共卫生事件风险排查、疫情监测、登记报告、应急处置和统计分析等工作，完成传染病及突发事件管理9例，完成率100%。

【卫生监督协管】 2020年，东南街道协同市卫生监督所开展卫生计生监督协管服务，加强食源性疾病、食品污染相关线索的调查,协助开展饮用水卫生安全巡查，定期对学校传染病防控开展巡防，定期对非法行医、非法采供血开展巡防，发现相关信息及时上报，对被查处的非法行医点进行监测并定期报告相关情况。年内，办理健康从业人员健康证1042份，年内开展卫生督查信息巡查92次。

【健康素养促进行动】 2020年，东南街道开展以“人口流动健康同行，计划生育倡导文明”为主题的健康知识巡讲活动9场次，686人参加活动。发放健康教育宣传资料3000多份。开展应急救护培训11场次，400多人参加活动。

【家庭医生签约服务】 2020年，东南街道家庭医生共签约4065人，其中，基础包3368人，健康管理综合服务包697人，高血压包325人，糖尿病包343人，老年人包211人。肺结核患者、晚血病人、计生服务对象、低保和低保边缘对象签约率100%。

爱国卫生

【概况】 2020年，高新区（东南街道）爱国卫生工作围绕国家卫生城市复审迎检、创建全国文明城市，做好爱国卫生月、全民健康教育、病媒生物防制、健康社区创建等工作。年内，成功创建江苏省级健康社区1家。

【爱国卫生月活动】 4月，高新区（东南街道）开展以“巩固国家卫生城市成果，共享美丽健康生活”为主题的爱国卫生月活动。开展爱国卫生月宣传活动，开展健康咨询和“除四害”（苍蝇、蚊子、老鼠、蟑螂）咨询活动。社区卫生服务中心的医护人员为居民提供测血糖、测血压等免费服务。发放控烟、慢性病防治等宣传折页4300份。

【全民健康教育】 2020年，高新区（东南街道）开展健康讲座13场次，共发放宣传材料1.5万多份。引导居民增强“每个人是自己健康第一责任人”的理念，逐步养成关注自身健康、主动进行自我健康监测的良好习惯。启文社区、小康村作为苏州级健康素养和烟草流行入户调查点，全年入户调查110家。

【病媒生物防制】 2020年，高新区（东南街道）以爱国卫生月为契机，以卫生创建为载体，重点开展以整治“四害”孳生环境为主要内容的治理活动，投入专项经费用于编印病媒生物防制知识宣传板报30多期，印发宣传资料1万余份，举办培训班4期，完善防鼠设施700多处，增设、维修毒饵投放点2000多个，组织采购夏季蚊、蝇消杀用药气雾杀虫剂100余箱、残杀威悬浮剂30箱。

【公共场所控烟行动】 2020年，高新区（东南街道）推进禁烟控烟宣传教育，共发放宣传资料3000多份。召开控烟督查工作会议，部署工作、明确目标、分解任务、完善措施，每月进行控烟督查工作并做好记录，汇总上报。成功创建常清中学、启文社区、湖畔社区3家“无烟单位”。

昆承村健康小游园（高新区党政办提供）

【健康场所创建】 2020年，湖畔社区完成江苏省级健康社区创建，昆承村、常清中学完成苏州市级健康场所创建，苏锋村、启文社区完成常熟市级健康场所创建。新建昆承村健康小游园、湖畔社区健康小游园，新建启文社区健康主题公园。

（东南街道卫健办）

民生

综 述

【概况】 2020年，高新区（东南街道）民生工作围绕党工委、管委会的工作目标，以改善民生、为民解困、为民服务工作为抓手，发放各类救助资金116.1万元。持续开展老龄工作，投资3.5万元实施为老服务项目，新增日间照料中心2所。向80岁以上老人发放尊老金45.9万元。接收并安置退役军人2名，走访和慰问军烈属、特困退役士兵4人次，发放抚恤优待金36.2万元。高新区（东南街道）捐助3万元用于东南幼儿园购置防疫设备。爱心助学11人，发放助学资金6.4万元。实现7个村居全科社工全覆盖，培育社工组织“常熟市东南阳光社会事务所”，新增持证社工35名，社会组织、持证社工全面开展为民服务工作。

劳动就业

【概况】 2020年，新冠肺炎疫情常态化期间，高新区（东南街道）在防疫的基础上，持续开展高新区人才线上招聘和现场招聘活动。通过组织开展高新区“春风行动”现场招聘会、思南劳务协作高新区网上专场招聘会、残疾人公益性专场招聘会、毕业生高新区春季网络专场招聘会、毕业生智能制造专场校园招聘会，依托“互联网＋高校就业服务”模式，打造线上线下招聘深度融合，保障人力资源供给。

【劳动就业与管理】 2020年，高新区在市人力资源服务产业园开展高校毕业生“企业直通车活动”，143名常熟籍应届高校毕业生参与此次活动。全年新增就业岗位2305个，实现再就业人员1324人，就业困难人员实现就业77人，开发公益性岗位16个，就业见习基地吸纳见习人数96人，提供高校毕业生岗位1020个，高校毕业生就业服务率100%，实名登记率100%。

【职业技能培训】 2020年，高新区立足市场需求，拓宽和强化技能培训功能，帮助城乡失业人员就业指导，共培训7007人。重点群体技能培训20人，培训惠企完成月末讲座1场，完成SYB创业培训6人，引领大学生创业15人。

【政校企合作】 2020年，高新区搭建政校企合作平台，为企业培养和输送技能型人才。5月，举办线上高新区春季网络专场招聘会，集合21家区内规模以上企业，依托“互联网+高校就业服务”，打造高新区“就业服务不打烊、网上招聘不停歇”的线上“春风行动”。8月，开展残疾人公益性专场招聘会。11月，组织欧美、日资等16家重点智能制造企业专场招聘会，提供涉及机械机电、电气、汽车、通信、电子信息等相关专业的岗位共148个。11月，开展高新区校企合作职业技能人才就业实训基地联合授牌仪式及企业现代学徒制暨职业技能人才就业实训基地联合授牌仪式活动，高新区与职教中心的合作进一步深入，推动校企在技能人才培养、共建培训中心、实施产业创新共享技术服务等多领域的全方位合作。组织大陆汽车、三菱汽车等数十家规上企业参加“校园苏州日”活动，赴兰州大学、南开大学、东北大学参加学校招聘，帮助企业招贤纳才。

（高新区组织人劳局）

双拥优抚安置

【概况】 2020年，东南街道积极开展“双拥优抚”工作，落实各项政策，组织双拥系列活动，确保各类优待抚恤补助及时发放到位，在春节、“八一”建军节、烈士纪念日慰问现役军人家属、重点优抚对象，全面落实优抚政策。

【抚恤补助】 2020年，东南街道在册优抚及相关对象共8人，其中老复员军人1人、烈士子女1人、“两参”人员2人、在乡残疾军人1人、在职残疾军人1人、农村籍退役士兵2人。全年按时足额发放优抚对象定期抚恤救助金15.3万元。

【安置费及优待金发放】 2020年，东南街道发放秋季退役士兵安置费2人次，合计20.6万元。向1名优秀士兵发放奖励金3100元。落实发放优待金20.9万元，优待对象包括优抚对象5人、义务兵1人。

【重要节日慰问】 2020年春节期间，东南街道走访慰问各类优抚对象及现役军人家属，发放慰问金7000元。“八一”前夕慰问各类优抚对象及现役军人家属，覆盖对象18人，发放慰问金共计8000元。烈士纪念日慰问部分优抚对象4人次，慰问金共计1000元。

【优抚对象信息采集】 2020年，东南街道共采集优抚对象信息441条，异地对象信息56条，为退役军人服务水平的提升提供数据支撑。

【特色活动】 8月，东南街道组织现役军

人家属前往沙家浜开展以“弘扬红色文化，传承红色基因”为主题的“八一”红色之旅活动，并邀请部分优抚对象一同参与，增强军人荣誉感。9月，组织迎接活动，迎接2名退役士兵返乡，活动内容包括谈心谈话、宣讲政策、推介岗位等，帮助退役士兵快速融入社会。

（东南街道退役军人服务站）

社会保障

【概况】 2020年，高新区依托组织人事劳动局劳动保障科和高新区综合服务中心（东南街道为民服务中心）劳动保障业务窗口，做好社会保障工作，具体包括社会保险办理、医疗报销、退休管理、失地农民征地补助费审核发放、劳资纠纷调解、工伤管理等。

【社会保险】 2020年，高新区常熟籍人员基本养老及医疗保险覆盖率100%、参保率89.96%，灵活就业人员正常缴费率96.61%，居民医保参保率99.27%。社保扩面完成8931人，完成率123.19%，单位新开户数436家，单位新开户在职人数1672人。全民参保完成67146人，完成率108.42%。新增本科人才4850人，参保完成率120%。社会保险缴费基数申报累计完成6.54万人，完成率99.93%。针对女性灵活就业人员55周岁退休的新政策，做好全方位宣传解释和提前告知工作。

【医疗保险】 2020年，高新区居民医保参保人数6491人，申请镇财政资金176.71万元，其中镇财政补助166.45万元、镇财政医疗救助10.26万元。高校在校大学生（江苏联合职业学校）居民医保参保人数1406人，参保率99.82%。城镇职工及城乡居民医疗保险事后报销业务共结报1485人次。其中，门诊1143人次，基金支付43.38万元；住院342人次，基金支付159.29万元。办理转诊转院登记19人，异地转出登记26人，异地转入登记5人，意外伤害登记38人。7月，实施医疗保险基本政策和待遇标准调整工作，到年底实现市医疗保险各项政策与苏州相关政策接轨。配合东南街道为民服务中心做好“出生一件事联办”业务，全年共处理联办业务7件。

【退休人员管理】 2020年，高新区纳入社会化管理退管人员6362人，退管体检2381人，参检率100%。完成各类慰问1751人次，慰问经费19.94万元。开展各项退管活动，丰富退管人员的精神生活。组织参与市级“我与建党99周年”征文征稿活动；推广“退管云课堂”课程；举办高新区退休人员文艺汇演，参演人员200多人。

【土地补偿】 2020年，高新区内各村（社区）均已整村整组完成预征地安置，完成第三年龄段人员的征地补助费审核发放。高新区征地补助费用共计发放3405人次，金额56.52万元。

【劳动关系调处】 2020年，高新区依托企业劳资信息传递和纠纷争议调解体系，规范用工网格及劳动监察网格化动态管理，完善矛盾纠纷处置预案，强化部门联动，克服疫情影响，把纠纷化解在基层。全年排查企业约1200家次，受理各类劳动争议976起，成功调解745起，调解成功率76.3%。引导通过仲裁等司法途径解决争议，年度纠纷处置率100%。完成A级诚信单位与和谐企业复核工作39家，新申报常熟市级A级诚信单位1家、常熟市级劳动关系和谐企业32家、苏州市级劳动关系和谐企业5家。完成7家苏州市劳动关系和谐企业培育及评估准备工作和1家苏州市优秀劳动关系和谐企业文化采风素材填报工作。

【工伤管理】 2020年，高新区共上报工伤认定申请材料255份（涉及142家企业235人）、工伤鉴定申请材料183份、工伤待遇申请材料289份。受理并成功调处各类工伤争议69起。开展重点企业工伤预防与诊断培训工作，通过专业团队深入企业生产现场，帮助企业诊断生产管理中存在的工伤事故、职业病风险点，指导企业完善整改措施。对120多家重点企业进行工伤预防及处置政策宣传培训，提高企业安全生产意识及工伤预防、处置能力。

（高新区组织人劳局　东南街道民政办）

社会救助

【概况】 2020年，东南街道发放救助金107.53万元，救助对象涉及低保、低保边缘、城乡“五保”、困难重度残疾人、无业精智残（三级、四级）人员、智力残疾人等，被救助人在享受低保、低保边缘、城乡“五保”救助的同时，还享受实时医疗救助。东南街道发放市级慈善大病救助金1.82万元。

【帮困救助】 2020年，东南街道给34名无固定收入重残、8户一户多残困难家庭发放生活费，27名低保及无业的精智残（三级、四级）人员得到救助，全年发放52.60万元；85人享受重残护理补贴，全年发放11.98万元。

【扶贫助学】 2020年，东南街道爱心助学主要对象为低保、低保边缘、特困职工家庭或家庭收入在低保标准以下的困难家庭的非义务教育阶段的大学生（包括职高、大专以上）、高中生（包括职高、中专）、幼儿园学生以及散居孤儿。全年爱心助学16人，助学金额2.25万元。

【社会慈善】 2020年，高新区（东南街道）贯彻《国务院关于促进慈善事业健康发展的指导意见》《关于促进慈善事业健康发展的实施意见》的精神，贯彻落实《中华人民共和国慈善法》，进一步发展壮大慈善事业，全年募集善款111.66万元，所得款项全部汇入常熟慈善总会账户。

（东南街道民政办）

村·社区

综 述

【概况】 2020年，东南街道有东湖社区、湖畔社区、启文社区3个社区以及东渔村、昆承村、苏锋村、小康村4个村。各村（社区）做好新冠肺炎疫情防控工作，保障居民健康安全。推进“两清两治”综合整治等行动，持续优化生态环境。推进健康社区创建工作，改善人居环境。推进垃圾分类智能化工作，弘扬时代新风尚。加强网格化管理，及时解决实际问题。实施集贸市场整体升级改造，推进停车场建设和改造，方便居民生活。建设新时代文明实践站，建立居民学校，开设农家书屋，开展“我们的节日”“七彩的夏日”“道德讲堂”“新时代文明实践志愿服务”等活动，满足群众精神文化需求。

东湖社区

【概况】 2020年，东南街道东湖社区辖区面积1.5平方千米，有东湖京华小区群、天玺、同济科技广场、国际人才城、紫晶城、森兰公寓、金领公寓、常熟花园、绿树湾、新世纪花苑和东南邻里生活广场等11个小区。社区下设新世纪工作站，由6个网格36个居民小组组成。2020年，入住居民总户数8200多户；全年出生24人，死亡3人。社区工作人员16名，党员40名。获得“江苏省民主法治示范社区”“常熟市文明社区”“常熟市先进基层党组织”等荣誉。社区办公地点在东南大道111号东湖京华京润苑7幢。

【党建工作】 2020年，东湖社区以红色邻里·东湖先锋站为主阵地，创建“七帆同扬，流韵和鸣”党建品牌，东湖社区党支部开展“先锋灯塔夜课堂”“红色党建咖啡馆”等系列活动，召集党员干部和居民组长共商共议社区大事；成立“党员夜巡队”每周开展夜巡工作。新建“一站式”服务大厅、“全科社工”服务窗口、科普教育基地，提高管理服务水平。

【“331”专项行动】 2020年，东湖社区出动400人次，排查出租房屋1400多户，完成300多家出租房整改工作，其中，小餐饮合规化改造完成30家，群租房整改50多户，签订出租房（群租房）安全管理责任书600多份，发放消防安全宣传单2000多份。联合执法12次，收缴并处理商住两用房液化气钢瓶320个。

常熟花园（高新区党政办提供）

【“向日葵”亲子小屋】 年末，东湖社区建成“向日葵”亲子小屋，打造亲子活动和家庭指导服务阵地。亲子小屋课程针对0—3岁儿童身心发育特点，每周三、四邀请专业机构教师现场教学，课程包括图形、数的概念、儿歌、乐器认知、角色扮演、感知节奏、四肢协调、平衡能力等。全年举办教学活动46次，服务婴幼儿800多人次。

【新时代文明实践站】 2020年，东湖社区新建新时代文明实践站，面积1500平方米，设置公益课堂教室、舞蹈教室、心理咨询室、健身房等功能区。以东湖社区“七帆同扬，流韵和鸣”党建品牌为依托，设置党建引领、志愿服务、社区治理、绿色家园、亲子时光、知识普及、文化宣传7个主题功能区，开展新时代文明实践活动。

【垃圾分类工作】 2020年，东湖在10个小区新建27个垃圾分类站点，全年举办垃圾分类学习、宣讲活动30次，分发宣传资料3500多份。组织党员、居民组长、红色管家和志愿者开展垃圾分类入户宣传工作，利用标语、横幅、微信公众号和微信群加大宣传力度。小区公告栏张贴垃圾分类红黑榜，曝光不文明投放现象。

【平安社区创建】 2020年，东湖社区开展扫黑除恶宣传活动9次，分发宣传单2000多份，服务居民3000多人次。开展防诈反诈文艺演出1次，分发防诈反诈宣传单600多份，服务900多人次。

【民生保障工作】 2020年，东湖社区在京润苑11幢一楼建设日间照料中心，为社区60岁以上老人提供个人照顾、保健康复、休闲娱乐等日间托养服务。中心设有休闲室、室外锻炼区及食堂，置有20张沙发椅、1台60英寸液晶电视及2件健身器材，满足老人休闲锻炼需求。对辖区内4名残疾人、1名低保边缘、8名80周岁以上老人做好帮扶工作。帮扶就业困难人员4人，发动居民参加城镇医保，新增加入医保居民30人。妇女病普查268人，"两癌"筛查198人。做好矛盾纠纷排查调解工作，全年调解46起纠纷。不稳定因素上报4次，共处理"12345"投诉862个、综合上报897个、服务走访232人次。

（陈嘉卿）

湖畔社区

【概况】 2020年，湖畔社区由湖畔现代城小区组成，占地面积约0.5平方千米，总体规划约5600户。年内已交付约3600户，常住人口约为8000人，流动人口约为3400人。社区党支部有党员13名，预备党员2名。年内，湖畔社区获得"省级健康社区""省标准化居民学校""苏州市创建学习型社区先进单位""2020年常熟市'无烟单位'""常熟市2020年度社会发展专项考核（社会治理）优秀基层单位""高新区2020年度社会治理先进集体""东南街道先进基层党组织"等荣誉称号。社区办公地点在湖畔现代城106栋二楼。

【社区设施】 2020年，湖畔社区办公用房1000平方米，一楼为"民众联络区"，设有一站式便民服务大厅和日间照料中心、亲子活动室、图书室和电子阅览室等。二楼为"服务实务区"，设有妇女之家、退役军人服务站、谈心室、调解室、书画室、文体中心、居民议事厅、党员之家、市民学校、道德讲堂和多功能会议室等，另外还设有法治长廊、健康小游园、24小时乒乓球室等。

【打造"乐邻·湖畔"】 2020年，湖畔社区党支部以"三心"为主线打造"乐邻·湖畔"党建品牌，打造"安居乐业·邻里和睦"的局面。邀请专业团队，以"爱心理发卡""爱心心理咨询"为抓手，为居民提供服务。组建由党员干部、居民骨干、物业代表组成的"红色管家"队伍，定期开展联席会议，研究探讨小区治理现状，整理居民诉求并加以解决。成立多支志愿服务队，结合社区实际需求，开展服务。

【群防群控新冠肺炎疫情】 2020年初新冠疫情暴发后，湖畔社区党支部成立社区战“疫”先锋行动队，实行小区封闭式管理，采取多种形式宣传防疫知识，联合志愿者开展4轮摸排，累计核查1000多人的行动轨迹，对600多名一级管控对象实施居家隔离。

【人口普查】 2020年，湖畔社区成立人口普查工作小组，明确分工，通过宣传提高居民知晓率和配合度，把握时间节点，及时完成相应普查任务，不漏一家一户。

【智能垃圾分类】 2020年，湖畔社区设立11个垃圾分类试点，其中包括全市第一个智能垃圾分类亭，推进垃圾分类运行模式。智能垃圾分类点设置5个垃圾收集桶：可回收、有害、厨余垃圾收集桶各设1个，其他垃圾收集桶设置2个，可根据实际使用情况调整四分类中任意一类垃圾收集桶数量。业主只需录入身份信息，即可通过选择刷卡、人脸识别、手动操作三种方式，进行垃圾分类的自主投放，随后由智能机舱对业主投放的垃圾进行称重，超重时会自动报警。投放完成后，数据实时传至云端进行统计，并现场积分结算，业主直接凭积分可以在专柜中兑换奖品。

湖畔社区智能垃圾分类亭（高新区党政办提供）

【惠民实事】 2020年，湖畔社区针对商业街乱堆放、街面卫生较差等问题，联合综合执法局进行集中整治。针对小区高层楼道内涂料脱落影响楼道美观及卫生的问题，联合物业管理公司多次会商，由物业管理公司动用经营性收入，对小区高层楼道墙面进行粉刷，年内完成115幢至118幢3幢楼单元大厅的粉刷工作。针对别墅区景观湖内的景观桥多年失修存在安全隐患的问题，多次与开发商沟通，由开发商出资重修，同时在景观台加装围栏，消除安全隐患。发动党员、居民参加“慈善一日捐”活动，捐款捐物资助困难人群。推进电动自行车充电桩建设，建设7处集中充电点，共有450个充电位。

【安全生产】 2020年，湖畔社区共进行早查夜查44次，出动人员180人次；检查1300多户次，发现隐患150户，完成整改150户，隐患整改率100%；实施停电处罚23家，没收并集中处理煤气罐6个，整改电动车违规停放28起；检查九小场所40家次，发现隐患15家，完成整改15家；发现安居超市黄色隐患111个，完成整改111个。

【网格化管理】 2020年，湖畔社区共有3个网格，由湖畔社区第一书记担任二级网格长，配备三级网格长3名、网格巡查员3名。按照网格化管理要求全年开展隐患排查、环境巡查、虞城无诈等工作，共入户走访1620户次，巡查企业、商铺等60多次，上报并妥善处理各类问题1500多起，办结率100%。

【志愿者服务】 1月，湖畔社区以“争当志愿者，创造新生活”为主题，以“奉献、友爱、互助、进步”的志愿者精神为宗旨，成立东南街道湖畔社区新时代文明实践志愿服务队。为拓展志愿者新领域，成立环保宣传志愿者服务队、教育辅导志愿者服务队、文艺宣传志愿者服务队、家电维修志愿者服务队、心理咨询志愿者服务队、义务巡逻志愿者服务队等特色志愿者服务队伍。现有志愿者312名，团队服务时长累计4.26万小时。湖畔社区新时代文明实践志愿服务队在社区赵丹书记的带领下，围绕社区公共事务服务、社区互助服务等内容，结合社区实际需求，围绕群众关心的热点、难点问题因地制宜开展形式多样的志愿服务工作。3月，湖畔社区志愿服务队被东南街道办事处妇女联合会评为“东南街道巾帼‘疫’线优秀志愿者队伍”，11月，被市新时代文明实践中心办公室评为“常熟市最美战‘疫’志愿服务组织”。

12月7日，湖畔社区志愿者团队慰问保洁人员
（高新区党政办提供）

【日间照料中心】 2020年，湖畔社区日间照料中心面积约200平方米，内设有休闲室、日间照料室、保健室及厨房等功能区，在个人照顾、保健康复、休闲娱乐、精神慰藉、紧急援助等方面开展为老服务。照料中心向社区所有60岁以上老人开放，重点服务高龄老人、空巢老人、残疾老人、优抚老人等。

【新时代文明实践站】 2020年，湖畔社区新时代文明实践站内设社区书屋、党建园地、妇女微家、亲子活动室、议事堂、志愿服务站、综合活动室等功能区。创设未成年人心理健康教育、青少年情商训练营、亲子绘本阅读课程、童心公益课堂、连心工作坊等特色项目，持续开展“我们的节日”“七彩的夏日”“缤纷的冬日”“道德讲堂”“新时代文明实践志愿服务”等活动，满足群众日益增长的精神文化需求。全年累计开展6类50多次活动，参加活

4 月 30 日，湖畔社区新时代文明实践志愿服务队授旗仪式举行（高新区党政办提供）

动的居民约 1000 人次。

【省级健康社区创建】 2020 年，湖畔社区按照上级要求建立社区主导、多方合作、专业机构支撑、全民参与的建设“健康社区”工作机制与体制，建立和完善建设“健康社区”工作体系；完善建设“健康社区”工作信息管理系统，探索适合于社区建设“健康社区”工作策略、措施和长效管理模式，被江苏省爱国卫生运动委员会办公室评为省级健康社区。

【省标准化居民学校创建】 2020 年，湖畔社区外来人口比户籍人口多，是典型的“移民社区”，居民各项教育需求强烈。为丰富社区居民精神生活、提升文化素质，成立社区居民学校，集培训、学习、娱乐为一体，对居民进行形式多样的培训。引导居民建立健康、科学、文明的生活方式，指导下岗职工再就业。针对广大居民的需求，创新教学形式，开展爱国主义教育、政策法规教育、文明礼仪教育、公共卫生教育、环境保护教育，开展计划生育宣传教育、交通安全教育、科普教育和计算机技能培训等。湖畔社区居民学校被评为“江苏省标准化居民学校”。

【苏州市级学习型社区先进单位创建】 2020 年，湖畔社区党支部创新学习模式，针对部分年老体弱、行动不便的老党员，开展“送学上门”活动，确保学习全员覆盖。湖畔社区还建设社区书屋，建设法治图书角，开设亲子绘本阅读课堂，增强居民学习兴趣，强化社区学习氛围。2020 年，被苏州市终身教育学会评为“创建学习型社区先进单位”。

【市级“无烟单位”创建】 2020 年，湖畔社区建立健全规章制度，成立控烟领导小组，明确控烟工作考核、奖励、处罚和检查等内容。按照上级要求，完善控烟设施建设。通过线上线下多种宣传手段，广泛开展控烟宣传，营造良好创建氛围。在公务活动中严禁吸烟，全体干部职工在控烟承诺书上签字。设立控烟监督员，负责控烟日常督促、检查巡查、对吸烟人员进行劝阻并做好记录。湖畔社区被市爱国卫生运动与健康促进委员会评为“2020 年常熟市无烟单位”。

（盛梦帆）

启文社区

【概况】 2020年，启文社区有金狮薇尼诗花园东区、金狮薇尼诗花园西区、裕源诚品、新街坊、虞悦广场、世纪华庭、中欧假日花园、东南悦城8个小区。社区规划户数7291户，常住人口约1.8万人，其中户籍人口1348人，社区内大部分是新常熟人。启文社区党支部现有党员12名。社区办公地在金狮薇尼诗花园东区商业街66幢107室。

【党建引领】 2020年，启文社区党组织打造"启民心"党建特色品牌，创建"文阿姨"工作室、"文乐学堂""益启"志愿服务队三个组织，推进基层组织建设。启文社区党支部创建"党员示范岗"，在疫情防控第一线，党员发挥模范带头作用；在垃圾分类活动中，党员开展入户宣传、科学引导、志愿服务等工作。

【文化传承】 2020年，启文社区通过志愿服务组织，结合"七彩的夏日""我们的节日"开展各类特色活动，每月举办青少年系列活动，定期开展妇女及老年人活动，举办国庆文艺汇演，丰富辖区居民精神文化生活，营造文化氛围。

【垃圾分类】 2020年，启文社区设置垃圾投放点30个，通过线上线下联动宣传，通过入户发放宣传折页、签订垃圾分类责任书、举办垃圾分类宣传活动等措施，提高居民垃圾分类意识。结合文明城市创建、健康社区建设等工作，构建垃圾分类长效机制。世纪华庭小区实行"数字门牌+垃圾分类"新模式，通过积分兑换方式，让垃圾分类变成居民日常自觉行为。

【"331"整治工作】 2020年，启文社区推进"331"整治工作，实行"白+黑"工作模式，开展夜间整治检查模式，定期组织协调多部门开展联合整治，累计没收违规使用的煤气瓶126个，收缴违停的电瓶车70多辆，完成"安居超市"隐患整改近700户，督促完成小餐饮场所"瓶改气"2户、"气改电"3户。

【市级健康社区创建】 2020年，启文社区倡导健康生活，探索健康社区创建模式，通过宣传和主题活动，提高社区居民健康知识水平，提升居民自我保健能力。改善辖区环境，提高居民生活环境质量，推进社会健康发展。启文社区被市爱国卫生运动与健康促进委员会评为市级健康社区。

【市级"无烟单位"创建】 2020年，启文社区开展无烟环境建设，成立控烟领导小组，建立健全控烟巡查制度，明确控烟工作检查、考核、奖励、处罚等措施。通过电子屏、电视、微信公众号等途径开展控烟宣传，提高公众对烟草危害的认识。启文社区被市爱国卫生运动与健康促进委员会评为“2020 年常熟市无烟单位”。

【标准化市民学校创建】 2020 年，启文社区针对社区外来人口多、居民之间的文化差异比较大的情况，成立市民学校，丰富居民文化娱乐生活，提高居民素养，推进和谐社区建设。充分利用宣传栏、横幅等宣传思想政治、道德文明、科学文化、民主法治、生态环保、创业技能等内容，同时组织开展形式多样、寓教于乐的活动，调动居民的参与意识和积极性。社区市民学校被苏州市教育局评为“2020 年度标准化市民学校”。

【获评“常熟市文明社区”】 2020 年，启文社区以“文乐益启　惠居宜人”为宗旨，完善公共配套建设，强化社区服务。在文明社区创建工作中，组织社区共建单位、社区党员志愿者、青年志愿者等开展系列便民利民志愿服务。并以此吸引更多的热心群众参与到文明社区创建活动中。启文社区被市精神文明建设指导委员会评为“2020 年度常熟市文明社区”。

【新时代文明实践示范站】 2020 年，启文社区党组织成立“益启”志愿服务队，将党建工作与小区文化建设有机结合，“以文为乐，益启成长”，共同打造新时尚、新文明的惠居宜人社区。成立“文乐学堂”，服务未成年人，让新市民子女更好地融入大家庭。“文阿姨”工作室根据人群特点组织辖区妇女群众参与社区实践活动，让居民增强归属感，共同推进和谐社区建设。启文社区新时代文明实践示范站被市新时代文明实践中心办公室评为“2020 年度常熟市新时代文明实践示范站”。

（启文社区）

东渔村

【概况】 2020 年，东渔村东邻昆承村，南靠金门路，西邻张家港河，北连香江路，总面积 1.51 平方千米。东渔村是 1999 年 8 月由原东苏、渔业两村合并而成，村农田、水面均被高新区预征。全村共有 267 户，共分 8 个村民小组，户籍人口 1206 人，常住人口 500 人，分别居住在金仓花园三区、渔乐新村、小三家村、苏锋新村等 4 个居民小区。村级可用财力 1217 万元，村党总支设 4 个分支部，共有党员 53 名。

【帮扶工作】 2020 年，东渔村有低保户 2 户、低保边缘户 4 户、重残 1 户、一户多残 1 户，全年发放救助金 8.24 万元。全村共有残疾人17人，其中重残6人，全年发放重残生活补贴0.86万元。对284名村民补助居民医保7.38万元。中秋、重阳、春节期间慰问320名60周岁以上老年人，慰问金额共计21.36万元；为全村居民购买“福地惠民”村级民生保险3.26万元，补贴全村257户农户“和谐家园”财产意外险4.63万元。

【党建工作】 2020年，东渔村利用远程教育、共产党员网、“学习强国”学习平台等，对党员加强各项教育，全年召开党员大会4次、组织生活会2次、年终民主评议1次。落实党员固定活动日制度，每月开展1次支部主题党日活动。组织开展“粽香浓情迎端午，移风易俗进万家”东渔村端午节活动、垃圾分类党员先行等活动。在新冠肺炎疫情防控中，党员参与防控工作，有30多名党员进行爱心捐款和捐物。年底，对小三家村活动室进行升级改造，建设党员先锋站。年内发展党员1名。

【智能垃圾分类箱投放试点工作】 2020年，东渔村在渔乐新村开展智能垃圾分类箱投放试点工作，将原有人工垃圾分类投放点改造成智能垃圾分类投放点，村内共设置5处智能垃圾分类投放箱，惠及80户人家。每月组织垃圾分类专职工作人员上门向村民免费发放印有对应自家门牌二维码的分类垃圾袋，居民们凭码识别开启智能垃圾投放窗口，然后由专职保洁人员回收垃圾，再对每户人家垃圾分类情况进行积分汇总、评价，通过积分兑换礼品，激发村民垃圾分类积极性。

东渔村小三家村开展垃圾分类“三定一督”模式工作（高新区党政办提供）

【267户实行垃圾分类】 6月，东渔村以《苏州市生活垃圾分类管理条例》实施为契机，开展垃圾分类法律讲座、垃圾分类培训会、垃圾分类小游戏、入户宣传等形式多样的活动。除小三家村开展垃圾分类“三定一督”模式工作外，其他小区全部实行“一户两桶”模式，垃圾分类工作多次在东南街道督查考核评比中登上红榜。

【金仓花园三区114户宅间道路改造】 2020年，东渔村按照“四议两公开”程序，对金仓花园三区114户宅间道路实施改造，总投资约80万元。

【“农家书屋”获评苏州市百个重点志愿者项目】 2020年，东渔村申报苏州市百个重点志愿者项目“农家书屋”类别，获得

东渔村金仓花园三区全貌（高新区党政办提供）

的项目扶持资金用于日常农家书屋开展各类活动，有“营造书香社会　共建和谐家园”阅读交流、“垃圾分类　你我同行”垃圾分类宣传、暑期“七彩的夏日”等主题系列活动，以及“共谋绿色生活　共建美丽家园”学习实践活动、安全“童”行交通安全讲座等活动。

【惠民实事】 年初，东渔村金仓花园三区完成天然气管道安装工程，惠及115户村民，已有83户村民使用上了天然气。4月，对昆承村、苏锋村、东渔村共同投资的金仓集贸市场进行整体升级改造，总投资400多万元，对市场原分布的摊位进行了优化整合。5月，在渔乐新村和小三家村交界处建造1个共设有20多个充电桩的电动车充电棚，惠及107户村民。在小区绿化带安装218个灭鼠毒饵站、3盏灭蚊灯、4个捕蝇笼。10月，对金仓花园三区、小三家村、渔乐新村、苏锋新村实行封闭式停车管理，共设置5个道口，解决停车难、停车乱问题，惠及267户村民。10月底，向全村200多户拥有宅基地的村民推行文明有“礼”积分管理，通过每月考核积分，以1分积分可兑换价值1元的实物作为奖励。

【日间照料中心提升性改造】 11月，东渔村启动日间照料中心提升性改造项目，日间照料中心面积约260平方米，总投入约70万元，设有棋牌室、助餐室、医疗保健与康复训练室（健身室）、图书阅览室、休息室等，可为本村辖区内60周岁及以上需要服务的老年人，重点是高龄、空巢、独居且有生活自理能力的老年人提供生活照料、社工服务、保健康复、休闲娱乐、精神慰藉等多项服务，助其开启养老生活新模式。

【人口普查】 2020年，东渔村启动第七次全国人口普查工作，通过悬挂宣传横幅、电子屏播放宣传标语、上门发放260多张《致全市人口普查住户的一封信》等方式，广泛宣传。普查期间，工作人员通过摸底绘图、入户调查、数据整理几个阶段，按时、保质、保量地完成人口普查工作。经普查，东渔村有户籍人口1206人、常住人口500人。

【精神文明建设】 2020年，东渔村新时代文明实践站正式启用，每日开放，全年累计开展妇女活动2次、团建活动2次、党建活动2次、亲子活动1次、居民议事会3次、读书活动1次、垃圾分类专题活动5次，“七彩的夏日”“缤纷的冬日”系列活动以及志愿者活动多次。年初，成立抗疫志愿者队伍，村民投身抗疫志愿活动。为争创全国文明城市“两连冠”，新增村委户外宣传阵地1块，更新宣传展板17处，更换村委会宣传栏顶棚1处，更换宣传栏、公示栏字体，重新粉刷院内墙体破损处，室外吸烟区加装不锈钢护栏，村委会宣传栏更新善行义举榜、精神文明建设活动掠影，更换公益广告5处等，对金麟路门面房道路进行升级改造。

东渔村新时代文明实践站（高新区党政办提供）

【“无黑村”创建】 2020年，东渔村根据《高新区（东南街道）“无黑”城市创建试点工作实施方案》，召开“无黑村”创建试点会议2次，设立举报箱1个，张挂宣传横幅1条，创建工作宣传、线索排摸12次，共张贴宣传海报10份，发放宣传页120多份，实现“无黑村”创建目标。

【“331”专项整治】 2020年，东渔村对出租房、门面房、工业坊企业等开展每周1次的消防安全隐患地毯式早夜查，发现问题及时整改，并上报“331”整治办。建成微型消防站3个；电瓶车集中充电棚3个，有充电头50个。按照“331”“9+1”整治标准全部配置各类消防器材，10家小餐饮完成合规化改造，共安装智能燃气断气报警器5套，完成工业坊5家小餐饮“气改电”，推进金仓菜场小餐饮全部“气改电”。联合“331”整治办组织对违规使用液化气罐进行6次整治，暂扣液化气罐25只。对拒绝整改或整改进度缓慢、拖延进度、屡教不改的采取停电措施，督促整改。东南派出所推送出租房屋隐患，按照工作流程做到及时签收、及时下发、及时反馈、及时办结，按时消除各类隐患。

【安全生产】 4月12日，江苏省安全生产第五督导组到东渔工业坊督导安全生产工作，组长朱晓明要求进一步强化安全生产意识，落实主体责任，建立健全自查自纠长效机制，加强企业员工安全教育培训，筑牢安全生产防线。年内，聘请第三方对工业坊企业进行专业安全生产监管，每2个月进行一次全面安全检查，发现问题及时整改。组织企业负责人参加安全生产职业卫生培训，取得安全管理人员证书和职业卫生管理人员证书。在安全生产月，举办消防安全知识讲座，组织企业负责人参加消防演练，全年无事故。

【新冠肺炎疫情防控】 年初，新冠肺炎疫情暴发，东渔村党总支落实疫情防控措施，对各小区实行封闭式管控，在进出口设立防控检查站，村委会工作人员及志愿者24小时轮班值守，对进出人员进行实名登记、体温检测，严格管控。流动宣传队悬挂50条横幅、张贴120多份告示，发放宣传册页，在微信群发布相关信息，不间断地宣传科学防护知识。外来返乡人员共计616人，到村委会登记核实身份、轨迹等信息无异常后，由房东、企业负责人领入小区、工业坊。发现异常及时上报，并采取相应措施。帮助指导企业负责人按规定提前配备足够应急防疫物资，通过审核后复工复产。

【东渔工业坊提升性改造】 2020年，东渔村根据高新区高质量发展要求，先行启动5.5万多平方米的东渔工业坊提升性改造项目，工业坊更名为“东宇智能制造科创中心”。到年末，共拆除违章建筑5000多平方米，外立面更新约3500平方米，同时，对园区路面、雨污管道实行改造，更换老旧电缆2500米，重新铺设电缆沟，总投资800多万元。逐步对园区内18家企业及员工宿舍进行清退，由高新区引进先进的科技企业，提高村级经济效益。

（东渔村）

昆承村

【概况】 2020年，昆承村有金仓花园二区、三区、四区、五区和苏锋新村5个集中居住区，有一个工业坊和多处社区配套综合服务用房。总面积4.4平方千米，有村民小组24个，农户461户，户籍人口2157人。村总资产1.6亿元，村可用财力1315万元。昆承村党总支下设党支部5个，在册党员80名。

【实事工程】 2020年，昆承村小区实施封闭式停车管理，在金仓花园和苏锋新村、村委会共设置10个道口，由工作人员宣传告知，引导村民录入白名单，引导租户办理包年包月等工作，解决小区停车难、停车乱等问题。完成金仓花园片区420户天然气管道安装工程，到年末，有50%以上的村民用上天然气。4月起，对昆承村、苏锋村、东渔村共同投资的金仓集贸市场进行整体升级改造，总投资400多万元，对市场杂乱分布的摊位进行了“划行规市”，使市场空间利用率实现最大化，突出农贸星级市场亮点，给村民提供环境整洁的购物空间。

【打造“承锋领治”党建品牌】 2020年，昆承村党支部以党建引领社会治理为目标，结合行动支部工作法，总结凝练“承锋领治”党建品牌，通过“三先三行”——党员先学、党员先想、党员先议，民情行动、文明行动、治理行动，发动支部党员全面参与到村级日常工作中，结合每月主题党日，开展民情民意收集、文明城市宣传、人居环境整治、消防安全宣传等活动，打造“民生红立方”“文明美昆承”“共治益先锋”三个子品牌，在社会治理中发挥党员先锋作用。在新冠疫情防控、人居环境整治、垃圾分类等工作中，党员干部行在前、做在先，为工作开展打下群众基础。

【疫情防控】 2020年初，新冠肺炎疫情暴发，昆承村成立村疫情防控工作领导小组，严格按照上级工作要求，对金仓花园及苏锋新村小区实施封闭式管理。全村设置4个疫情防控工作站，9名工作人员全部下沉到疫情防控工作站一线，带头实行24小时执勤，党员群众志愿者参与执勤，投身到抗疫第一线，共计参与志愿执勤400人次。对外地到常、返常人员进行全面摸排，对重点地区人员按规定实施集中隔离、居家隔离等措施，确保疫情不蔓延。疫情相对稳定后，开展复工复产工作，协助工业坊企业及门面房店铺做好防疫工作，保证及时复产复业。

【提升人居环境水平】 2020年，昆承村在2019年获“苏州市农村人居环境整治工作示范村”荣誉的基础上，进一步提高标准，持续开展集中整治，对农户违规设置各类台盆、无序堆放、乱种植等进行集中整治。为巩固人居环境整治工作成效，进行长效管理，将人居环境整治纳入文明有“礼”积分管理，同时作为星级文明户评选的重要依据，鼓励村民户积极参与整治工作，营造良好人居环境。推行垃圾分类“三定一督”新模式，先后在金仓花园一区公寓房、金麟路和金门路门面房、金仓花园二区撤销垃圾桶，实行定时定点投放，探索绿色生活新方式。

【加强村级社会治理】12月起，昆承村推行文明有“礼”积分考核机制，从环境整洁、遵纪守法、尊老爱亲、德善公益、移风易俗5个方面，每月对村民户进行积分考评，激发村民共建共治共享的意识。完善安全生产长效管理机制，在工业坊A区完成微型消防站建设并投入使用。用好第三方安全管理公司，定期开展安全隐患排查、跟踪闭环整改等，全年共下发现场检查记录和隐患整改表200多份，督促企业整改隐患300多条。开展“331”“9+1”专项整治和“安居超市”工作，对出租房消防安全进行动态管理，减少安全隐患。全年共计消除“安居超市”红色隐患7户、黄色隐患48户。推进联动工作站建设，开展网格化治理，发现问题快速处置。

【推进新时代文明实践】2020年，昆承村建成新时代文明实践站，设置理论宣讲馆、文明治理馆、舞蹈健身馆等功能馆室，拓展村民群众文明实践阵地，丰富文明实践内容。推进志愿服务建设，制定志愿服务管理制度和积分奖励制度，组建和培育志愿社会组织，倡导文明新风。落实文明城市创建常态化制度，配合常熟市全国文明城市复评迎检工作，宣传社会主义核心价值观。加强各场所精神文明建设，在各传统节日开展“我们的节日”系列活动，暑期开展“七彩的夏日”系列活动。成立昆承村“趣味手作DIY工坊”，全年开展手工活动10余次。组建昆承村“绿色环保”志愿服务队，开展志愿活动30次；成立昆承村党员先锋志愿服务队，常态化开展志愿行动，围绕村委、街道中心工作，全年共组织开展党员志愿行动12次。推行“星级文明户文明”评选，根据每月文明有“礼”积分考评分数，得出年度评选结果。

【健全河长制】2020年，昆承村健全河道长效管理机制，落实河道长效管理，成立昆承村河长制河流巡查小组，抓好区域内18条河道的日常巡查管理工作，每月巡查2次。健全“一河一档”，及时更新河长制公示牌内容，对破损、遗失公示牌及时维修，及时向街道河长办反映并开展整治，进一步提升河道整治和面貌，建成美丽生态河。

【社会救助】2020年，昆承村有低保户2户、低保边缘户4户、一户多残2户、重残2人。全年发放低保、低保边缘救助金7.2万元，残疾人补贴6万元。在春节、端午节、中秋节等传统节日对低保户、失独家庭等开展形式多样的送温暖走访慰问活动。为全体村民购买“福地惠民”村级民生（暨重疾补助）保险，全年赔付率达到79.11%，同时为全体村民购买“和谐家园”组合险，为村民减轻负担。

【网格化管理】2020年，昆承村共划分4个网格，每个三级网格长每月完成考勤管理，网格化巡查员将巡查中发现的安全隐患以“文字+图片”的形式第一时间上报，综合上报共处理445条，简易上报1354条。村网格联动治理机制发现问题快速处置，全面提升联动工作效能，提升网格化社会治理水平。

（昆承村）

苏锋村

【概况】 2020年，苏锋村有金仓花园一区、二区、五区和苏锋新村4个居民小区，设有15个村民小组，总户数380户，常住人口1757人。苏锋村党总支下设党支部5个，有党员74名。

【集体资产】 2020年底，苏锋村总资产1.3亿元，全年可支配资金1276万元，村民人均收入4.18万元。拥有3个工业坊，占地面积6.61公顷：华丰路（2.15公顷）、银环路（1.33公顷）、香江路（3.13公顷），标准厂房4万多平方米，建有其他配套用房6200平方米。在金门路、银环路建成商业一条街，建造三产商业用房180多间，总建筑面积1.5万多平方米；与邻村合资建造5000平方米的金仓集贸市场。年底，香江路工业坊配合高新区金峰科技园整体规划启动拆迁工作。

【党建工作】 2020年，苏锋村党支部组建“行走的篱笆”党员护村队，对小区环境进行巡查，带领全体村民开展环境综合整治。整合网格内党员资源，组建网格“微志愿”党员服务队，加强党员网格与社会管理网格联动，引领社会治理精细化、项目化、系统化。开展党支部书记“民情日记”工作，及时处置村民意见。开展“微爱暖心”活动，关爱困难群众、困难党员、空巢老人、留守儿童等群体。

【“331”专项整治】 2020年，苏锋村以“安居超市”为抓手，对出租房进行消防安全隐患地毯式排查，共检查出租房187户，与房东签订出租房安全管理责任书，按照“331”整治标准配置各类消防器材。不定期对48家整改后的门面房进行抽查，完成40家小餐饮合规化整改工作，共安装智能燃气报警器26套，33家企业食堂按要求全部完成“气改电”整改。每周1次夜查或早查，发现问题及时整改并上报“331”整治办。东南派出所推送村内出租房屋红色隐患、黄色隐患共计75条，按照工作流程及时消除各类隐患，共完成租赁合同备案314家。

【垃圾分类我先行】 2020年，苏锋村定期举办垃圾分类培训会，在微信公众号不定期宣传垃圾分类知识；党员志愿者开展垃圾分类入户宣传，提高居民群众知晓率、参与率。5月底，完成公寓房“三定一督”建设运行及商业街撤桶，实行垃圾统一收运；7月，金仓花园西二区推行“三定一督”；9月，东二区完成“三定一督”小区建设，投入资金共计20多万元，涉及小区住户105户、商户160余户。健全长效机制，制定详细的工作实施细则，明确人员分工，建立考评制度，每月公布垃圾分类红灰榜。

【“农+超”特色市场升级】 4月，金仓集贸市场开始升级改造，至9月1日，6000多平方米的“农+超”特色集贸市场恢复营业，总投资400多万元。市场专门配置了区域指示灯牌，商品在篮框内和货架上摆放整齐，每个摊位上都摆放一台智能秤，屏幕显示着经营户的营业执照、姓名、体温、健康码等电子信息，顾客可以通过显示屏直观地看到所买产品的重量、单价和总价，扫描电子付款二维码就可以完成快捷支付。

【智慧停车】 9月，苏锋村向江南爱停车公司购买停车管理服务，在金仓花园和苏锋新村7个道口设置道闸实施车辆封闭式管理，通过道口拓宽、工作人员宣传，封闭式管理有效推进，小区停车难、管理难问题得到有效缓解。

【实事工程】 2020年，苏锋村将村农机房改造成老年活动室，6月竣工。启动工业坊C区雨污水分流整治及工业坊B区门面房后的雨污水分流应急工程。小区内接

苏锋工业坊（高新区党政办提供）

苏锋村金仓集贸市场（高新区党政办提供）

入天然气管道。投资34.58万元，新增西二区小游园。启动农房"三级确认"，办理宅基地使用权及房屋所有权登记工作。针对大部分路灯已经破损且路灯杆位置与高度不到位、亮度不够的情况，经专业设计单位勘察和设计，对原有路灯和地埋线全部更换，两芯线更换为三芯线，灯杆更换为5.5米高度杆，提高小区内照明度。

【网格化管理】 2020年，苏锋村将所辖区域划分为4个网格，设二级网格长1名，三级网格长4名。按照网格化管理开展"331"检查、大环境整治、矛盾纠纷调解等各项工作。全年处理上报问题736起，处理走访问题63起，处理"12345"市长热线59起。

【疫情防控】 2020年初发生新冠肺炎疫情后，苏锋村推行小区封闭式管理，所有小区设立卡口，村委会工作人员带头24小时值守，测量体温、登记出入信息，摸清往来小区人员情况，对风险人员进行排查并采取相应隔离措施。疫情得到控制后，全面推动企业复工复产，按规定提前为劳动者配备或及时更换防疫物资，保障企业生产。疫情形势稳定后做好疫情防控常态化管理工作，做好重点人员管理，及时摸排和配合处理系统推送风险人员。

【河长制】 2020年，苏锋村有白泥滃、白泥滃西河、东苏家滃、金辉河、金门河、敬鹏电子河等6条河道，实行村级河长制和百姓河长制。村党总支书记任河长，每周巡河，发现问题及时处置。百姓河长定期对东苏家淴、金门河进行巡查，共同参与水生态治理。发放宣传折页给来访群众，让群众能够深入了解并共同参与，保护河道、保护水生态环境。

【民生工作】 2020年，全村有4户低保户、1户低保边缘户、2名困境儿童和29名残疾人员，年内发放救助金及补贴近10万元；村级慈善工作站实行临时救助8笔，总计金额5100元。为全村196名退休人员进行免费体检，组织103名妇女免费进行“两癌”筛查，组织58名妇女进行健康普查。为全村358名参加农村合作医疗保险的村民承担9.98万元保险金。投入7.72万元为全村386个家庭购买“和谐家园”全家综合保险，投入4.78万元为1773名村民购买“福地惠民”村级民生保险。对60周岁以上老人进行中秋、重阳、春节慰问，投入经费32.06万元；向60周岁以上老年人发放生活费共计57.46万元。向全村村民发放燃料补贴共计42.7万元。

【精神文明建设】 2020年，苏锋村发挥新时代文明实践站阵地作用，开展“我们的节日”“七彩的夏日”、亲子阅读、残疾人观影等特色活动。组建苏锋村七彩梦舞蹈队，以群众喜闻乐见的广场舞形式丰富村民文化生活。开设道德讲堂，组织开展“优秀志愿者”表彰活动，深化典型引领，带动一方风气。推进移风易俗，疫情期间

苏锋村“行走的篱笆”护村队（高新区党政办提供）

倡导云祭扫、婚事新办、丧事简办，树立文明新风。

【安全生产】 年初，苏锋村与村内企业签订责任书48份，签订率100%。年初由于疫情影响，各企业延迟开工时间，村领导及工作人员组织企业开展防疫工作，按规定提前为劳动者配备或及时更换防疫物资。对存在有职业病危害的企业，要求企业为劳动者配备符合职业病防护标准要求的个人防护用品并做好发放记录。每2个月对企业进行检查，发现问题及时开具安全生产执法书，共开具安全生产执法书108张。发现隐患375条，完成整改340条，整改率90.7%。组织企业负责人参加2次安全生产培训和1次职业卫生培训，通过学习考核取得安全管理人员证书和职业卫生管理人员证书。在安全生产月组织企业负责人参加消防演练，通过演练增强企业负责人消防安全技能，提高自我保护与自救能力。

（苏锋村）

小康村

【概况】 2020年，小康村规划面积1.39平方千米，下设44个村民小组，有居民2408户，常住户籍人口1.08万人，各类流动人口全年稳定在2万多人。小康村党委下设9个网格支部和2个企业支部，共有党员360名。村总资产1.72亿元，全年收入2233万元，农民人均纯收入3.71万元。村委会办公地点在澎湖路99号。

【实事工程】 2020年，小康村为缓解“停车难”“行车难”的问题，实行智慧小区半封闭式停车管理模式，对80多个道口进行集中改造，其中32个道口设置道闸，供汽车通行，其余设置防撞柱供三轮车、电瓶车进出，畅通区域微循环网络。利用现有公共空间在合理位置增设公共停车位919个。7月，启动小康村服装小区老旧工业坊改造项目，拆除老旧厂房8.5万平方米，腾出土地9.2万平方米，计划打造新一轮智能制造与信息商务产业集聚的投资高地。

【畅通污水管网】 2020年，小康村为解决居民厨房移位改造及生活污水排放问题，对珠泾苑和庐山苑新村实施天然气扩面、污水管网改造工程，该项工程总投资1.02亿元，铺设新村污水管网47.1千米，涉及居民2614户；同时，铺设银通路及澎湖路商业污水管网12.5千米，涉及商户288户。

小康村（高新区党政办提供）

小康村党史学习动员会暨党员冬训大会召开（高新区党政办提供）

【党建工作】 2020年，小康村党委学习、传达党的重要文件精神，推动“两学一做”学习教育制度化、常态化，持续推进“不忘初心、牢记使命”主题教育活动，以“支部党课学、线上自主学”的方式，坚持将基层党员干部教育贯穿始终。借助远程教育、“学习强国”等多媒体学习平台资源，实现党员教育管理全面深化。以“七一”建党主题活动为契机，召开专题党课，促进党员亮身份、做承诺、树标杆。同时，完善网格支部建设，实行党员分类管理，探索党员教育管理长效运行机制。

【“331”专项整治】 2020年，小康村工作人员持续对商业街、中宏市场、银河路综合用房等区域内的餐饮类门店进行燃气安全检查，对各类使用液化气罐的场所要求安装断气阀及联网式燃气报警器。通过开展早查夜查、突击检查等行动，全年消除各类隐患1152条；对133家小餐饮场所进行液化气断气阀及联动报警器安装，累计对129家出租房及单位进行了上报联合执法停电；同时，规范各类群租房屋，建设电瓶车集中停放点114处。

【帮扶工作】 2020年重阳节，小康村向全村474名80周岁及以上老人发放节日慰问费4.74万元，中秋节向全村3117名60周岁及以上老人发放节日慰问费31.17万元，春节向全村462名老人发放节日慰问费4.62万元，合计发放金额40.53万元。为全村1.14万名村民购买“福地惠民”村级民生保险，同时，60周岁以上老人农村居民合作医疗保险费用统一由村级承担，合计购买金额42.44万元。年末组织村工作人员对困难户、残疾人、重病患者等进行走访慰问。

【精神文明建设】 2020年，小康村开展“七彩的夏日”“缤纷的冬日”“好家风好家训”“大手牵小手”等系列活动，打造宣传、教育及服务群众的主阵地。以“我们的节日”为主题，丰富活跃传统文化活动；以文化惠民工程为依托，开展“成长课堂”关爱妇女儿童、“环境微治”美化村居环境、“情暖小康”基层惠民活动。通过村微信公众号，开展“小康·每周一星”精神文明建设云推送，定期发布典型事迹和好人好事。

【小康村党委获评“常熟市先进基层党组织”】 2020年，小康村党委完善党建引领下的多网融合，发挥基层党组织在乡村振兴中的堡垒作用，加强组织建设，党员活力不断增强，在疫情防控、封闭式管理、民生服务等方面的工作中都取得新成绩，在文明创建、抗击疫情、人居环境、安全整治中展现幸福小康新亮点，小康村党委获评“常熟市先进基层党组织”。

【村志愿服务队获评“最美战‘疫’服务组织”】 2020年，小康村在“志愿江苏”平台注册志愿者3200多人，设有2支志愿服务团队。建立“学雷锋”志愿服务站，结合自身实际组建党员志愿者、青年先锋队等志愿服务队伍。春节期间，为有效防控疫情，志愿者奋战在防控第一线，推动疫情防控设卡检查登记工作落实到位，或为一线值勤站岗人员提供后勤保障。“志愿红”让小康村更有温度，村志愿服务队获评“最美战‘疫’服务组织”，1名志愿者获“常熟市最美战‘疫’志愿者”称号。

【环境整治】 2020年，小康村坚持文明城市创建与美丽乡村建设同步推进，抓好环境卫生常态长效管理。聘请专业保洁队伍，集中力量常态化开展环境整治工作，提升农村整体风貌和群众生活环境。研究制定具有小康村特色的管理制度，每月最后一周对全域村民宅前屋后环境和垃圾分类情况进行考核。对2614户农户宅前宅后以及商业街四周堆放的杂物、室外及公建区域内的家禽养殖棚舍进行统一清理。

【垃圾分类】 2020年，小康村珠泾苑、庐山苑同步推进垃圾分类工作，通过在村民家门口安装垃圾分类固定架、聘请8个专职宣传员引导分类等措施确保工作成效。同时，在珠泾苑五区79户推行垃圾分类“三定一督”模式，将垃圾分类工作落到实处。垃圾分类“撤桶并点+定时定点”的措施全面解决了垃圾混投、满溢、气味散发等问题，村环境得到改善。

（顾燕）

组织机构及负责人

高新区党工委

书　记：王建国（2020 年 5 月起任职）

副书记：王建国（任职至 2020 年 5 月）　芮卫国（2020 年 5 月起任职）

委　员：姚丽英（任职至 2020 年 5 月）　陈国栋（任职至 2020 年 5 月）

张宁江　沈建平　顾志强（2020 年 5 月起任职）　蒋向阳

高新区管委会

副主任：王建国（任职至 2020 年 5 月）　芮卫国（2020 年 5 月起任职）

姚丽英（任职至 2020 年 5 月）　陈国栋（任职至 2020 年 5 月）

张宁江　顾志强（2020 年 5 月起任职）　蒋向阳

高新区下设机构

纪工委

书　记：沈建平

副书记：高向军

党政办公室（宣传办公室）

主　任：毛雨东

副主任：李　斌　陈晓宇（任职至 2020 年 3 月）

组织人事劳动局（非公企业党工委）

局　长：俞　敬

副局长：袁学文　陆秀芳（2020 年 12 月起任职）

规划建设局

局　长：章伟东（任职至 2020 年 1 月）　陈　义（2020 年 1 月起任职）

副局长：顾军明　沈建刚

招商局（服务业发展局、出加区管理局）

局　长：陶传龙

副局长：姚　成　李索一　王国平

经济发展和统计局（外向型农业发展局）

局　长：沈　阳

副局长：王　娴　陈晓宇（2020 年 3 月起任职）

科技与知识产权局

局　长：张　健

副局长：杨　晋　蒋　伟（任职至 2020 年 11 月）　钱芝英（2020 年 12 月起任职）

财政局

局　长：李军良

副局长：刘耀东　王　琳（2020 年 12 月起任职）

安全生产监督管理和环境保护局

局　长：钱晓东

副局长：曹仁明　李　俊

常熟国家大学科技园党工委

书　记：潘志嘉（任职至 2020 年 5 月）

委　员：王奇峰　顾志强（任职至 2020 年 5 月）

常熟国家大学科技园管委会

副主任：王奇峰　顾志强（任职至 2020 年 5 月）

科技招商部

部　长：王　翼

副部长：陈　岚（任职至 2020 年 5 月）　罗　丽（2020 年 5 月起任职）

企业服务部

部　长：梁红梅

副部长：徐志良（2020 年 5 月起任职）

综合事务部

部　长：沈晓明（2020 年 5 月起任职）

副部长：章　晖

投融资管理部

部　长：刘立庄（2020 年 8 月起挂职）

副部长：吴志鹤

合作交流部

部　长：陈　岚（任职至 2020 年 5 月）

（高新区组织人劳局）

东南街道党工委

书　记：赵　斌（任职至 2020 年 8 月）　王　维（2020 年 8 月起任职）
副书记：李　梅（2020 年 8 月起任职）　郭晓峰
委　员：戴庆仁（任职至 2020 年 12 月）　姚彩莲（2020 年 8 月起任职）　陈燕薇
　　　　俞晓燕（2020 年 3 月起任职）　胡　耀（2020 年 10 月起挂职）

东南街道办事处

主　任：王　维（任职至 2020 年 8 月）　李　梅（2020 年 8 月起任职）
副主任：戴庆仁（任职至 2020 年 12 月）　于　宙（任职至 2020 年 8 月）
　　　　陈建良（2020 年 12 月起任职）

东南街道人大工委

副主任：陈建良（任职至 2020 年 12 月）　陈志军（2020 年 12 月起任职）

东南街道政协工委

主　任：郭晓峰（2020 年 5 月起任职）

（东南街道组织办）

人物·荣誉

人 物

郭晓峰 1974年6月生，江苏常熟人，2019年4月任东南街道党工委副书记，2020年5月任东南街道政协工委主任，获评“2020年度常熟市担当作为好干部”。2020年，郭晓峰负责推进小康村老旧工业坊升级改造项目，项目第一期占地100余亩，需拆除建筑面积6万多平方米，涉及18名房东和44家企业，时间紧、任务重。郭晓峰带领房屋征收办及小康村村委会工作人员坚持一线工作法，按照“早动员、早签约、早补偿”的工作基调，以群众利益为导向，不折不扣抓落实，仅用5个月就完成所有企业的清退及建筑物拆除工作。拆除期正值汛期，连日暴雨、高温对现场施工安全造成隐患，郭晓峰带领征收工作小组多措并举加强施工监管，防范安全事故发生，10月初完成整体建筑物拆除及土地平整，确保土地按时移交建设部门。郭晓峰经常深入基层，倾听群众呼声，对群众反响强烈的污水治理、天然气管道铺设、环境整治等问题，召开座谈会听取意见，协调部门在短时间内形成工作方案，顺利解决小康村、苏锋新村污水和天然气工程，苏锋村老区基础设施翻新扩建以及湖畔小区违章搭建等问题。在推进环境整治和垃圾分类工作中，完成“三定一督”全覆盖、商业街无桶化管理、智能垃圾投放点设置等工作，东南街道垃圾分类工作成效在全市板块位于前列。

李索一 1981年11月生，2016年任常熟高新技术产业开发区招商局副局长，获评“2020年度常熟市担当作为好干部”。李索一身处招商一线，勇挑重担，不断创新工作思路，结合产城融合发展契机，在加大力度挖掘高新区现有优势产业中附加值高、科技含量高、税收贡献大的优质企业的同时，继续加大对前瞻性科技产业的分析力度，及时了解和掌握产业发展方向和企业发展动态，重点关注符合国家战略性新兴产业的科技“独角兽”企业、隐形冠军企业。结合“基金+产业”模式，加强和基金公司的紧密合作，重点发展集研发、采购、销售等于一体的功能性总部企业。2020年，她参与引进埃眸科技纳米压印光刻机、东杼医学肺功能检测、宏瑞达智能装备总部及生产基地、熹微仿生角膜等产业项目，正创、云优送、阅客、迈宝国际等区域总部项目。除日常招商工作之外，李索一带领科室同事承担江苏省、苏州市以及常熟市的重点服务业项目申报、跟踪服务和统计工作，并配合常熟世联学院做好“UWC+”相关工作，通过进一步发挥UWC家长和校友资源优势，不断挖掘优质招商资源，重点聚焦高科技、新经济等区域总部，成功引进挪威威瑞迩（Viiral）生物科技、挪威家愿（Will）区域总部、溶纳纳米抗病毒溶胶销售中心、仿生角膜及国际再生医学产业化基地以及昆鹏投资等项目。

石拓 2013年毕业于清华大学电子工程系，博士。在创立一径科技之前，他曾在硅光技术企业SiFotonics任职，担任硅光子研发及产品部门负责人，积累了丰富的研发经验和产业资源，培养了团队管理能力。他凭借扎实的专业知识和不懈的努力，带领团队勇闯未知领域，开发出世界首个25G Ge/Si APD产品和行业领先的100G/400G硅光集成相干接收芯片产品。成立一径科技之后，石拓及他的创始人伙伴坚定地走在固态激光雷达创新道路的前列。凭借团队在航天领域激光雷达、光学领域及光电集成芯片上的多年积累，一径科技提出了突破性的光学方案，采用自研集成光电芯片和ASIC芯片，在提高激光雷达分辨率、延长探测距离的同时，大幅降低了工艺复杂度和量产成本，并通过诸多车规可靠性验证项目，获得国内外许多头部自动驾驶公司的认可，并达成战略合作。

杨冬野 哈尔滨工业大学材料加工工程专业博士，苏州芯慧联半导体科技有限公司总经理，先后获评“常熟领军人才A类”“姑苏领军人才”“江苏省双创人才”等。硕士期间从事高温合金叶片铸造用氧化铝陶瓷型芯充型性能的研究，博士期间开展“Ti-48Al合金气雾化及其烧结成形的组织与相结构”的课题研究。毕业后进入上海交通大学担任师资博士后，进行钛合金及其复合材料成形课题的研究。2019年，杨冬野创办的苏州芯慧联半导体科技有限公司落户常熟国家大学科技园，进行集成全自主静电卡盘晶圆传送关键设备的研发及产业化。公司总投资3.7亿元，注册资本1000万元，建有9000平方米厂房。公司主要面向泛半导体行业（照明、显示、能源、集成电路等四大领域）的芯片生产加工制造企业，在高洁净、真空的严苛制造环境下，提供晶圆在蒸镀、刻蚀、扩散等工序中多个反应腔室之间传输的成套解决方案及相关设备，主要产品包括全自主静电卡盘和晶圆传送平台。通过硬件设计的改进及软件控制的优化，使集成静电卡盘的晶圆传送平台之间的配合效率提高10%以上，稳定性达到98%以上，达到客户的使用需求，可完全替代国外竞争产品，2021年可实现销售8000万元。

（高新区党政办）

荣 誉

表 9 国家级荣誉（认定）

序号	受表彰者	荣誉名称	表彰者	表彰时间
1	常熟高新区	国家新型工业化产业示范基地	工信部	2020年3月
2	常熟高新区	国家汽车零部件高新技术产业化基地	科技部	2020年9月
3	常熟高新区	国家“百城百园”行动项目	科技部	2020年9月
4	常熟高新区	2019年度火炬统计工作先进单位	科技部火炬高技术产业开发中心	2020年11月
5	常熟高新区	微视频《镜鉴》荣获“第二届国家高新区微视频大赛”优秀奖	国家高新区微视频大赛组委会	2020年11月
6	常熟小样科技服务有限公司	国家备案众创空间——常熟小样青年社区	科技部	2020年4月
7	五方智能车科技有限公司	国家备案众创空间——常熟昆承湾智车云	科技部	2020年4月
8	常熟同济科技园有限公司	国家备案众创空间——同济虞创汇	科技部	2020年4月
9	常熟东南高新技术创业服务有限公司	国家级科技企业孵化器评价A类	科技部火炬中心	2020年12月

表 10

省级荣誉（认定）

序号	受表彰者	荣誉名称	表彰者	表彰时间
1	常熟高新区	江苏省大中小企业融通型特色载体	江苏省工信厅 江苏省财政厅	2020年6月
2	常熟高新区	江苏省创业投资集聚发展示范区	江苏省发改委	2020年11月
3	常熟高新区	江苏省科技金融创新试点基地	江苏省生产力促进中心	2020年12月
4	常熟国家大学科技园	江苏省科技型创业企业孵育计划（省孵化器评价A类）	江苏省财政厅 江苏省科技厅	2020年7月
5	苏州铁马营孵化器管理有限公司	江苏省级备案众创空间——铁马营众创空间	江苏省科技厅	2020年9月
6	常熟英华特环境科技有限公司	江苏省战略性新兴产业发展专项资金	江苏省发改委 江苏省财政厅	2020年6月
7	常熟同济科技园有限公司	江苏省工业和信息产业转型升级专项资金	江苏省财政厅 江苏省工信厅	2020年1月
8	苏州全波通信技术股份有限公司	江苏省工业和信息产业转型升级专项资金	江苏省财政厅 江苏省工信厅	2020年1月
9	苏州六幺四信息科技有限责任公司	江苏省重点研发计划（产业前瞻和关键核心技术）	江苏省财政厅 江苏省科技厅	2020年9月
10	苏州慧德仿真技术有限公司	江苏省最具成长潜力的留学人员创业企业	江苏省人社厅	2020年9月
11	常熟东南高新技术创业服务有限公司	江苏省科技型创业企业孵育计划（省孵化器评价A类）	江苏省财政厅 江苏省科技厅	2020年7月
12	江苏忠明祥和精工股份有限公司	省级工程技术研究中心	江苏省科学技术厅	2020年10月
13	常熟国际学校	2019年度江苏省青少年科技教育协会四星级先进集体	江苏省青少年科技教育协会	2020年7月
14	东南实验小学	2019年度江苏省青少年科技教育协会四星级先进集体	江苏省青少年科技教育协会	2020年7月

续表

序号	受表彰者	荣誉名称	表彰者	表彰时间
15	东南实验小学	2019年江苏省智慧校园	江苏省教育厅 江苏省工信厅	2020年7月
16	石 星	全省“七五”普法中期先进个人	江苏省委宣传部 江苏省法治宣传教育工作领导小组办公室 江苏省司法厅	2020年1月
17	吴美林	省级“社区教育先进工作者”	江苏省成人教育协会	2020年9月
18	卢小辛	第四次全国经济普查工作优秀工作者	江苏省第四次全国经济普查领导小组	2020年12月
19	罗 丽	第四次全国经济普查工作优秀工作者	江苏省第四次全国经济普查领导小组	2020年12月
20	石 凯	第四次全国经济普查工作优秀工作者	江苏省第四次全国经济普查领导小组	2020年12月

表 11　苏州市级荣誉（认定）

序号	受表彰者	荣誉名称	表彰者	表彰时间
1	常熟高新区	2019年度推进高质量发展先进地区	苏州市委 苏州市政府	2020年3月
2	常熟高新区	中国（江苏）自由贸易试验区苏州片区常熟联动创新区	苏州市政府	2020年
3	常熟国家大学科技园	苏州市产学研合作示范区	苏州市委	2020年11月

续表

序号	受表彰者	荣誉名称	表彰者	表彰时间
4	苏州英华特涡旋技术有限公司	苏州市企业技术中心	苏州市政府	2020年2月
5	苏州中德联信汽车服务股份有限公司	苏州市人工智能和大数据应用示范企业	苏州市发改委	2020年7月
6	常熟高新区留创园	苏州市留学回国人员创新创业园奖励	苏州市人社局	2020年11月
7	海力达汽车科技有限公司	苏州市企业工程技术研究中心	苏州市科技局	2020年6月
8	江苏统联科技股份有限公司	苏州市企业工程技术研究中心	苏州市科技局	2020年6月
9	江苏亨睿碳纤维科技有限公司	苏州市企业工程技术研究中心	苏州市科技局	2020年6月
10	常熟生益科技有限公司	2020年苏州市智能工厂（示范）	苏州市工信局 苏州市财政局	2020年10月
11	海力达汽车系统（常熟）有限公司	2020年苏州市智能工厂（示范）	苏州市工信局 苏州市财政局	2020年10月
12	王嘉鹏	第六届“苏州杰出人才奖”	苏州市委 苏州市政府	2020年7月
13	顾勇涛	2020年度苏州市“青年创业之星”	苏州市人社局	2020年11月
14	陈毅敏（苏州英华特涡旋技术有限公司）	2019年度苏州魅力科技人物	苏州市人才工作领导小组办公室 苏州市委宣传部 苏州市科技局 苏州市人社局 苏州市科协	2020年4月

续表

序号	受表彰者	荣誉名称	表彰者	表彰时间
15	汪时宜（苏州慧驰轻合金精密成型科技有限公司运营总监）	2020年度苏州国际精英创业周落户企业十佳HR经理人	苏州国际精英创业周落户企业联盟 苏州市留学人才协会	2020年12月
16	胡晓丹（常熟分联盟成员、常熟小样科技服务有限公司执行总经理）	2020年度苏州国际精英创业周落户企业联盟和苏州市留学人才协会十佳先进工作者	苏州国际精英创业周落户企业联盟 苏州市留学人才协会	2020年12月
17	常熟高新区经济发展和统计局	第四次全国经济普查优秀集体	苏州市第四次全国经济普查领导小组	2020年2月
18	王　娴	第四次全国经济普查工作优秀个人	苏州市第四次全国经济普查领导小组	2020年2月
19	王立一	第四次全国经济普查工作优秀个人	苏州市第四次全国经济普查领导小组	2020年2月

（高新区党政办）

附录

常熟高新区 2020 年工作总结和 2021 年工作计划

一、2020 年工作总结

今年以来，面对错综复杂的宏观形势和突如其来的新冠肺炎疫情，高新区在市委、市政府的坚强领导下，立足“三增三进”总目标，认真贯彻落实“促发展、补短板、解难题、精管理、抓落实”工作主线，围绕打造高质量产业体系、培育高效益创新生态、构筑高品质营商环境、建设高颜值南部新城，攻坚克难谋发展，聚精会神搞建设，各项指标稳健增长，经济社会高质量发展取得新成效。预计全年实现地区生产总值 234.2 亿元，增长 10.9%；一般公共预算收入 32 亿元，增长 6%。被授予国家新型工业化产业示范基地（汽车零部件特色产业）、国家汽车零部件高新技术产业化基地两块“国字号”招牌，列入科技部、财政部国家“百城百园”行动；顺利入围 2020 年江苏省大中小企业融通型特色载体和江苏省创业投资集聚发展示范区。

一是防疫复工齐抓并进。今年年初，面对突发的新冠肺炎疫情，高新区第一时间成立疫情防控指挥部，以村（社区）为基础，通过地毯式排查、全方位宣传、即时化报告，构筑起人人防控、人人监督、人人受益的疫情防线。同时，成立 37 个企业复工辅导组前后三轮深入企业，全面排摸区内企业人员情况，宣传讲解复工政策，发放宣传资料 5000 余份。创新举措，助力复工复产，在沙家浜高速卡口设立接洽点，协调帮助符合防控要求的企业高管及物流车辆快速通行。在结合上级企业复工规范要求的基础上，率先制定出台区内工业企业复工流程，积极协助企业筹措口罩、额温枪、消毒液等防疫物资，稳妥推进企业安全有序复工。针对部分日企高管及技术人员受国际航班管控无法到岗的难题，高新区启动国际包机程序，成功接 80 名日企人员入境复工，获得了海内外 100 多家媒体先后报道。

二是招商选资逆势上扬。面对疫情防控的特殊形势，高新区通过线上、线下相互联动的方式，持续加大项目招引力度。预计全年实现到账外资 2.5 亿美元，实现注册外资 5.9 亿美元、注册内资 45 亿元。全年累计新签约项目 90 个，总投资 122.3 亿元。其中，新引进世界 500 强企业投资项目 6 个，总投资超亿美元和总投资超 10 亿元项目各 5 个。同时，进一步强化驻点招商，设立常熟高新区驻日本东京招商代表处、驻挪威办事处、驻北欧办事处，努力减少沟通障碍，扩大信息来源，提升高新区品牌辐射力。成功举办 2020

中挪（北欧）常熟经济合作云推介会，挂牌成立中挪（北欧）节能与环保创新产业园。不断深化区镇联动，为古里、沙家浜、辛庄、尚湖、支塘累计推介项目20余个，其中5个项目顺利落户。锐博机械、联德电子两个总投超亿元项目和苏州星也航天科技、大侨机械两个科创型项目落户沙家浜，总投资1亿美元的丰树国际食品智能产业园项目落户辛庄。“四园一岛”新兴产业加快布局，共计新引进项目29个，总投资52.3亿元。

三是工业投资稳步增长。坚持将项目建设作为扩大有效投入的重要手段，完善班子成员联系项目制度，充分调动一切资源和要素，全力推进项目建设，切实增加有效投入，不断增强经济发展后劲。预计全年完成工业投资60亿元，同比增长30%以上。在项目建设方面，大陆汽车电子空气悬挂、正力新能二期、雅博尼西医疗器械等总投资99亿元的28个项目开工建设，中稀东洋永磁驱动电机、擎动新能源、匠岭半导体等总投资近48亿元的20个项目竣工。同时，积极探索工业投入多元化格局，鼓励存量企业增资扩股、增添设备，加大技改投入和技术创新投入。其中，敬鹏电子、凯毅德、三菱电机自动化等66家企业增加设备投入资金超30亿元，45家企业新增智能化设备933台。

四是创新能力不断攀升。深入推进现有重大创新平台建设，强化项目研发、企业孵化、基金组建相结合，加快技术、人才、资金等要素的集聚。智能液晶所产业化进程加快，新衍生苏州和萃等3家全资子公司；金属所已设立研发项目21个，并依托铁马营孵化器引进新材料企业4家；北大苏南院新引入科技型企业6家；智能车中心扎实推进省级车联网（智能网联汽车）先导区建设，并引入京东智能物流等6个车联网项目。上海交大常熟新材料产业化联合研究基地顺利推进，苏州智慧医疗创新中心加快建设。认真做好各级各类人才项目申报，预计全年常熟市领军立项23个，完成度超140%，姑苏领军以上人才项目立项16个，完成度200%。小样青年社区、昆承湾智车云、同济虞创汇3家众创空间获评国家级众创空间。组织索特传动、芯慧联等企业做好高企申报工作，全年新申报高企127家，为高新区争先进位夯实基础。

五是新城品质日臻完善。坚持“建管并举、软硬齐抓”的工作思路，加强城市功能建设，优化城市环境治理，提升城市服务水平，努力打造高品位南部新城。公共配套日趋健全，世华学校于9月份正式投用；启文学校、东南派出所、波司登凯悦酒店加快建设；总建筑面积28万平方米的华发未来城、14万平方米的日航国际社区和60万平方米的金茂智慧科学城正式启动。道路体系日益优化，东南大道改造工程11月底竣工，银丰路、丰树路竣工投用，金门路、银通路改造工程年底竣工，常台高速常熟东互通连接线（东南大道东延）及常台高速常熟高新区互通工程有序推进。污防攻坚成效喜人，开展小尤泾、金门河、丰田环河等生态美丽河湖建设，推进昆承湖软围挡建设，提升昆承湖水环境质量，高新区省考以上断面水质优Ⅲ比例连续达标。社会治理科学有序，深入开展垃圾分类工作，创造性建设智能化垃圾投放点，建成常熟首个无垃圾桶商业街；深化重点领域安全生产综合整治工作，常态化开展“331”“9+1”专项整治，扎实推进“安居超市”“隐患清零”“两清两治”“千村美居”等工作，安全稳定防线持续筑牢，区域生态环境持续改善。

六是党的建设更加扎实。贯彻落实全面从严治党新要求，进一步夯实根基、凝聚力量。大力推进党建工作品牌化建设，举办“星火”党建品牌LOGO征集活动，做好2020年书记项目“星火炬力”行动计划相关方案和活动策划，筑起“红色炬阵”，定期召开“星火矩阵议事厅”会议，搭建党建共建平台。认真抓好三会一课、党员冬训、“昆承先锋”讲堂和中心组学习，做好“学习强国”平台的推广使用和日常供稿工作。成立融媒体中心高新区分中心，举办“走进高新区”主题新闻行动。聚焦党的建设、经济发展和社会治理三大重点领域，嵌入式开展重大项目推进、新冠疫情防控、安全生产专项整治和污染防治攻坚战等专项整治监督。认真执行公务接待、商务接待等各项规定，加强财务监控，从源头上控制“三公经费”支出，开展私车公养和公车管理等廉政风险点排查，坚决纠正“四风”问题。举办“聚焦‘三增三进’、争做勤廉表率”演讲比赛决赛暨第十二个“5·10训廉日”主题宣传教育活动，统筹推进每季度勤廉日“微行动”，全面营造了风清气正的工作氛围。

在肯定今年发展成效的同时，我们也看到高新区发展还存在一些短板和不足，主要表现在：一是经济总量规模不大，对全市经济贡献份额还不高；二是新兴产业动能还不够强，氢能源、人工智能、医疗健康产业园等新兴产业仍处于扶持培育阶段，短时间内还不能有较大产出贡献；三是高新技术产值占比不够高，高新技术企业存量还不够多，科技型中小企业壮大速度还不够快；四是资源要素保障空间不足，高新区未来可用土地资源不足、环境约束趋紧，新兴产业的发展资金来源渠道也有待拓宽；五是区域配套设施能级不够优，区内的医疗、居住、酒店、商务等公共服务配套设施与大城市相比优势不足，难以吸引各类人才生根发展。

二、2021年工作计划

2021年是“十四五”规划开局之年，面对的是全面建设社会主义现代化国家第一个五年的新局面。高新区将按照市委、市政府的新部署，对标国际提能级，追求极致开新局，把“美丽常熟”建设作为高质量发展在高新区的具体实践，聚焦“美丽常熟、创新湖区”建设主线，抢抓“一体化”“双循环”“新基建”三大机遇，突出“产业、创新、城市”三大重点，坚持“精细极致、激情干事、再展宏图”的工作导向，率先展现“六美集大美、高新高质量”的现实模样。一是勾画空间美图，打造优势产业集聚区。编制高新区产城湖发展规划，建立劣势产业存量资源转移机制，加快存量资源向高增长型产业有序转移，推动空间高效布局、产业转新变强、载体功能完善，形成紧凑集约的空间布局和高端高新的产业布局，打造“汽、智、氢、城”区域品牌。二是布局新兴美业，打造科技创新核心区。培植和壮大“根”在高新区的支柱产业和新兴产业，围绕“双链”做强产业特色，围绕“创新”培植新兴产业，围绕“能级”打造特色载体，着力打造丰田系、三菱系、大陆系、三一系四个“两百亿级”企业系和延锋系、马勒系、法雷奥西门子系三个“百亿级”企业系。重点推进氢燃料汽车产业和“UWC+”创新产业发展。三是聚焦滨湖美城，打造魅力精致新城区。坚持建新与更新并重，围绕“住、学、医、商”要素，完善功能配套，提高城市能级，打造最美滨湖生态，探索高新区社会治理大数据中心建设，使新城区有风貌更有韵味，有颜值更有气质，有入眼的景观更有走心的环境。四是体验贴心美感，打造宜居宜业舒心区。着眼“高效办成一件事”和“高效处置一件事”，制定营商环境创新行动实施细则，提升资源配置能力和高端服务能力，建立企业家沙龙制度、微信群联系制度、信息直报制度，打造“发展安心、干事顺心、创业开心、生活舒心”的营商环境，促进各类人才留业、留人、留家、留心。

明年发展的主要预期目标是：一般公共预算收入、工业开票销售收入等主要指标实现两位数增幅，完成工业投资60亿元、注册外资4.5亿美元、到账2.5亿美元、净增民营经济注册资本30亿元，国家高新区综合排名继续争先进位。

明年重点工作思路和举措：

*（一）以产业转新变强为重点，构建新发展格局。*一是支柱产业做强做大。汽车核心零部件产业，要充分利用“新基建”带来的发展新机遇，大力布局汽车电动化核心技术，带动传统汽车零部件向新能源汽车核心零部件的整体跃升；高端装备制造产业，要注重培育具有技术领先优势和较强竞争力的大企业和企业集团，打造以工业机器人为核心的智能装备产业集群；新一代信息技术产业，要鼓励已落户企业不断突破高端环节，培育新型业态，引领区内电子信息产业向着智能化、数字化、信息化方向转型。二是新兴产业培育壮大。氢能源汽车产业，要深挖丰田、重塑、捷氢等领军企业资源，精准布局电堆、膜电极、双极板、空气压缩机、氢气循环系统等核心部件领域，在制氢、储运氢、加氢设备及检测设备方面加强突破，进一步优化氢能产业链；“UWC+”创新产业，要借助“UWC+”项目办公室设立契机，重点聚焦教育科技、医疗科技、生活科技、金融科技等领域，积聚优质项目，打造产业生态；医疗健康产业，要围绕医疗器械、健康服务、精准医疗、医疗大数据、互联网医疗等细分领域重点布局，引进和培育

一批优质医疗健康“独角兽”企业落户。三是现代服务业集聚放大。加大“后服务”招商力度，重点关注与园区产业匹配度高的总部经济、研发设计、认证检测、新零售等新业态发展，加快推动爱斯达克、玥宁检测、佳士德、正创等项目达产见效，逐步构建专业化生产服务业体系；聚焦创业孵化、知识产权、人力资源、科技金融等重点领域，优化现有创新载体运作模式，加快科技服务业发展。四是狠抓项目开工建设。初步排定明年开工项目24个，计划总投资150亿元，一季度开工项目13个，当年计划投资8亿元，总投资和当年投资均超今年，努力实现“开门红”。持续强化项目招引，确保一季度完成到账外资2亿美元，全年地区生产总值、一般公共预算收入增幅高于全市2—5个百分点。

（二）以创新提速增效为重点，集聚新载体动能。一是争当区域创新先锋。依托大科园科技创新战略平台引领作用，充分发挥丰田研发中心、加通汽车全球科创中心、马勒研发中心等高端独立研发机构示范带动效应，不断强化企业创新主体地位，提升骨干企业内部研发机构建设水平，打造以高新技术企业、双创人才企业、民营科技企业、科技型中小企业为主的创新企业梯队，加速优质创新资源要素向高新区积聚。二是争当科技创新先导。不断深化智能液晶所、金属所、北大苏南研究院、智能车中心、上交大新材料研究基地、苏州智慧医疗创新中心等优质创新平台内涵，探索优化创新合作机制，加大载体、资金等资源供给，开展关键共性技术开发和产业化技术研究，深化新型研发机构建设内涵，大力推动科技成果转化和产业化。三是争当开放创新先行。统筹虞山省级高新区和沙家浜、古里等乡镇板块协调发展，打造协同互补、联合发展的“一区多园”创新共同体；积极融入长三角城市创新资源合作体系，谋划与上海开展全方位、深层次的项目化对接合作，充分释放高新区在区域创新链、产业链、价值链协同配置中的独特优势。

（三）以城市建新更新为重点，提升新城区能级。一是规划引领腾空间。做好国土空间规划和产城湖发展规划，不断优化区域空间布局，深入推进老旧工业区提升改造，促进节约集约高效土地利用，推动实现更高层次的资源整合和功能提升，为高新区可持续发展做好顶层设计、预留发展空间。二是破解痛点补短板。加快产城融合步伐，改善区域人居环境、增强新城综合承载能力，补齐城市功能短板；围绕教育、卫生等重点领域，着力办好民生实事，补齐民生保障短板。三是对标国际提能级。加快推进菁英公寓、启文学校、哈佛BI医学创新中心、日航国际中心、波司登凯悦酒店等一批具备国际标准的配套设施建设，不断丰富金融、科技、商务、休闲、现代社区居住等功能，全力打造适合高端人才生活居住、创业就业、商务交流的精品城市。四是精细治理造极致。坚持高水平管理，把精细化思维贯穿到城市治理的方方面面，推进绿化整理提升、滨

河空间开放、垃圾分类处置，仔细打磨、追求极致、打造精品，探索以“小街区”等模式打造适度城市空间。压紧压实安全生产责任体系，持续强化隐患排查和源头治理，全面提升区域本质安全水平。

东南街道办事处工作报告

——2021年1月4日在第一届议政代表大会第三次会议上

李 梅

各位代表：

现在，我代表东南街道办事处，向大会报告工作，请予审议，并请列席人员提出意见。

2020年工作回顾

2020年，面对突如其来的新冠肺炎疫情，我们在市委、市政府和高新区、东南街道党工委的坚强领导下，坚持以习近平新时代中国特色社会主义思想和党的十九届四中、五中全会精神为指导，牢牢把握稳中求进的工作总基调，坚定不移贯彻新发展理念，抓“六保”促“六稳”，围绕市委“三增三进”工作目标，齐心协力、开拓奋进，各项工作呈现健康稳定局面，确保“十三五”顺利收官。

一、聚焦疫情防控，筑牢防疫坚强堡垒

全力做好物资保障。累计投入400余万元，购置口罩、体温计、消毒用品等防疫物资，确保采购及时到位、供应节约有效。严格管控重点人员。依托网格化管理开展“地毯式”排查，对中高风险地区返常人员建档立卡、分类管理。全年累计完成首次核查人数8036人，涉外人员核查后累计管控共230人，核酸检测共2450人。积极推动复工复产。普查全区企事业单位（含学校）复工复产疫情防控措施落实情况，协助514家企业完成复工申请。加强全区集宿出租房监管，累计启封房间3004间，入住6192人，并督促落实承租人员信息自主申报。切实加强冷链管理。压实各方责任，摸排从业人员信息，对辖区内14

家进口冷链食品单位的从业人员实施每周一次的核酸检测，做到“应检尽检”。对东南食品城实施全面消毒。落实常态长效防控。对人员密集等重点场所进行定期检查、全程监控，开展各类检查200多次。利用户外LED电子屏、标语、横幅、微信群等方式全覆盖、无缝隙宣传新冠预防知识。

二、聚焦本质安全，助力城市高质量发展

安全监管助力城市提档。开展安全生产专项整治行动，今年共检查企业410余家次，发现隐患2230余条，开具280余份现场检查记录单，整改一般隐患1870余条，成功打造出了以东渔村工业坊为典型的全市老旧工业坊提档转型新样板。对辖区内4个村3600余户住房进行农房安全隐患排查。实施物流园综合整治，对金狮、华坤物流园共195家企业开展排查摸底工作。落实市安全生产第七巡查组巡查高新区（东南街道）反馈问题整改工作。“331”整治消除安全隐患。累计开展早查夜查行动336次，消除各类隐患814处；开展集中联合整治行动18次，消除“三合一”隐患53个，清理电商户21家，收缴液化气钢瓶853只，对249处隐患采取停电措施。常态化开展“安居超市”隐患清零行动，共消除红色隐患157处、黄色隐患2757处。完成辖区内17个物管小区消防通道标示线及标识牌的设置。完成456家小餐饮合规化改造，并全面推行第三方监管。全面完成安达洲物流园小餐饮“气改电”、金田集宿楼改造重点挂牌隐患整改。苏锋工业坊率先在全市推行小微企业消防安全第三方监管服务。建设电动车智能充电点位3642个。在高层住人商业楼宇建设“云梯”智能防护系统64套，全面筑牢消防安全“防火墙”。综合整治优化生态环境。抓好重污染天气应急管控、施工扬尘管控等工作，加强油烟污染、户外烧烤、秸秆禁烧整治等工作。累计投入500万元，完成敬鹏电子河、毛北河、卫东河等河道治理。开展小尤泾、丰田环河、金门河生态美丽河湖建设，整治河道长度6.6公里，新建生态护岸6.45公里，沿线植绿7000平方米，呈现河湖两岸亮丽风景。

三、聚焦发展活力，持续完善营商环境

文明城市常抓不懈。围绕冲刺全国文明城市“两连冠”目标，持续在人居环境整治、小区物业管理机制、垃圾分类、基础设施提升改造、市容秩序规范等方面发力。每月通过不同切入点、不同形式举办“文明东南·因你精彩”系列活动。加强与社会公益机构合作，打造“微爱大义、闪耀光芒”东南志愿服务品牌，常态化开展志愿服务活动。城市面貌日新月异。完成小康村服装小区拆迁及蒸汽管道改造工作，累计拆除厂房61585平方米。推进常昆路南侧沿线扫尾清零工作。金仓菜场提档改造工程完成，获评常熟市示范集贸市场。完成小三家村天然气和污水管网铺设，渔乐新村污水管网铺设，苏锋新村和小康村商业街天然气、污水、自来水管网铺设及弱电管线入地工作，累计建设完成污水管网31公里。完成湖畔现代城景观湖整治，拆除住户侵占河道区域。拆除“河湖两违”65处11955平方米，恢复河岸线2630米。人居环境持续改善。开展“人人参与、净美家园”专项活动，发挥党员示范带头作用，改善宅前屋后环境。街道率先通过苏州垃圾分类全覆盖片区验收，辖区内17个住宅小区“三定一督”及监控设备实现全覆盖。建立行政村9个流动式“三定一督”垃圾分类运行模式，18条商业街完成撤桶并实施垃圾分类上门收运，同济广场、紫晶城140余家企业单位完成“三定一督”。完善工业企业分类设施、分类收运，逐步将垃圾分类工作向纵深推进。便民服务有声有色。便民服务中心完成升级改造，形成市场准入、社会保障、民生综合、权证税费等四大综合窗口，融合新市民中心、公共资源交易中心。今年以来累计办件量147814件，其中服务类事项131473件、行政许可事项7572件、行政确认事项8769件。积极开展各类新市民共建融合工作，促进新市民快速融入南部新城生活建设。

四、聚焦共治共享，全面增进民生福祉

教育资源更优化。加大教育投入力度，提升办学质量，确保教育经费两个“只增不减”。东南实验小学获评省青少年科技教育工作“四星级先进集体”、省智慧校园，东南幼儿园总部通过江苏省优质园验收，金仓幼儿园、东南幼儿园小康部通过苏州市优质园验收。文体设施更健全。公共文化场馆实现全免费开放，全年线上线下服务达80余万人次。村（社区）综合性文化服务中心实现全覆盖，完成苏锋村综合性文化服务中心大规模改建和湖畔社区综合性文化服务中心标准化建设。新增全民健身路径32套，健身步道10公里。公共卫生更惠民。顺利开展妇女健康优质服务项目，服务告知率达98%。为辖区内550名65周岁以上常住老年人进行免费体检。开展职业卫生培训、应急救护等各类培训17次。保障体系更完善。累计发放各类惠农补贴约180万元。关爱困难群体，加大帮扶力度，全年发放各类补助救济金120余万元。持续完善各类养老服务设施，80周岁以上老人享受居家养老服务率超过80%。

五、聚焦精细管理，提高社会治理水平

综合执法做细做实。加强市容综合整治，组织各类大型整治行动108次，查处违章停车、游摊散贩、擅自捕鱼等各类违章36151起。今年共立案301起，累计罚款金额487.9万元，城市管理工作实现全市考核三连冠。网格联动向深向实。在联动网格化管理“1+3+N”模式基础上，把城市管理、违法建设等监管职能融入网格，探索建立“警网+网格+综合执法”三网融合的社会治理新模式。联动平台今年累计办理各类工单57567件，答复市长信箱13件，满意率100%。平安建设走深走实。深入开展矛盾纠纷大排查大化解工作，全年共调解各类矛盾纠纷727起，化解信访积案5起。织密技防网络，新建车辆违停抓拍18套，新建村级技防监控点位422个，在全市率先开展社区心理咨询服务，打造东南品牌。“七五”普法成果丰硕，先后代表常熟迎接司法部和省“七五”普法考核验收领导小组终期评估。常清中学、世联学院等5家重要单位技防系统接入安防平台。扫黑除恶工作持续深入，积极开展“无黑街道”创建工作。末端治理落精落细。提升村（社区）治理水平，完成四村封闭式管理改造，完成东湖社区及启文社区升级改造，细化社区功能排布，完善基层治理最后一公里。

六、聚焦自身建设，增强政府履职能力

抓好干部队伍建设。扎实推进村（社区）换届工作，打造“YOUNG帆东南”年轻干部轮训品牌，激发干事热情。实施新进人员轮岗计划，开展内部轮岗交流，优化提升人岗适配度。制定下发村（社区）“先锋指数+”考核实施办法，激励调动村（社区）干部工作积极性，增强基层干部的工作责任感和使命感。抓好依法行政工作。完善公共资源交易中心相关制度，修订《东南街道工程建设实施办法》《东南街道政府采购实施办法》《东南街道集体资产交易实施办法》，出台《东南街道招投标诚信考核办法》，公共资源交易中心全年受理各类交易项目共计580项，成交金额达1.03亿元。加强农村“三资”管理，完成2018年、2019年农村集体资产清产核资工作，完成农房“三级确认”1169户。抓好党风廉政建设。今年共开展廉政谈话369人次、任职谈话53人次，开展执纪监督工作，办理案件4起。

此外，统战、工会、共青团、妇联、人民武装预备役、老干部、慈善等工作也得到切实加强。

各位代表，今年以来，我们积极应对突如其来的疫情和复杂的发展环境，统筹推进疫情防控和各项社会事业的开展，不失时机推进复工复产，实现了经济社会持续稳定健康发展。成绩来之不易，这离不开市委、市政府和高新区的正确领导，离不开街道全体机关干部和各村（社区）、各驻区单位的辛勤付出，更离不开社会各界的大力支持！借此机会，我谨代表东南街道办事处，向一直以来关心支持东南发展的各级领导、各界朋友、广大群众和同志们，表示最衷心的感谢和最崇高的敬意！

成绩属于过去，短板仍需补齐。我们清醒地认识到，社会事业发展中不平衡不充分的问题仍然存在：一是社会治理仍需加强。城市管理还需进一步提升；安全生产监管体系不够完善，企业主体责任落实不够到位。二是人居环境还需优化。城镇功能、生态环境等需要持续提升。三是民生短板仍有缺口。医疗、养老、教育等公共服务资源依然不能满足群众需求。四是干部作风有待强化。担当精神、服务能力和执行效率，还不能适应新的发展要求。我们一定要高度重视这些问题，采取有效措施，切实加以解决。

2021年工作安排

2021年是奋进“十四五”、逐梦新征程的开局之年，也是美丽常熟建设的起步之年，责任重大、意义深远。当前，我国经济运行逐步恢复常态，但新冠肺炎疫情和外部环境仍然存在诸多不确定性。然而，越是面对不确定性，越要主动作为，以自身发展的稳定性应对外部环境的不确定性。刚刚召开的中央经济工作会议提出：明年是我国现代化建设进程中具有特殊重要性的一年，要坚持稳中求进的工作总基调，立足新发展阶段，贯彻新发展理念，构建新发展格局，以推动高质量发展为主题，以深化供给侧结构性改革为主线，以改革创新为根本动力，以满足人民日益增长的美好生活需要为根本目的，坚持系统观念，巩固拓展疫情防控和经济社会发展成果。对此，我们要以习近平新时代中国特色社会主义思想为指导，紧紧围绕长三角一体化发展规划，统筹好安全和发展两件大事，围绕“美丽常熟”发展理念，坚持以“六保”促“六稳”，以更高的认识、更自觉的行动，翻篇归零再出发、干在实处谋新篇，为高水平推进美丽东南建设作出更大的贡献。

2021年工作的总体要求是：坚持以习近平新时代中国特色社会主义思想为统领，深入学习贯彻党的十九大和十九届二中、三中、四中、五中全会精神以及中央经济工作会议精神，坚持稳中求进的总基调，抢抓长三角一体化战略机遇，围绕市委提出的“六美集大美·幸福新常熟”的主轴主线和“三增三进”目标任务，坚定必胜的信心，办好自己的事，实现城市能级、城市治理、民生福祉、政府建设的全面高质量发展，建设美丽东南，服务高新区发展，以优异的“东南答卷”迎接建党100周年！

为实现上述目标，新的一年，我们将重点抓好以下四方面工作：

一、实现城市能级高质量提档升级

通过加快城市建设和更新进程，补齐基础设施和公共服务短板，打造区域最强比较优势。一是优化完善城市功能。加强道路建设，计划实施庐山路、金麟路改造及三一北侧配套道路建设等，启动黄山路南延工程配套拆迁项目。新建银东排涝站，实施小康村河道综合整治、丰田环河（二期）河道疏浚等工程。继续推进小康村污水管网优化建设。二是持续推进老旧更新。以高新区协同创新产业园为示范引领，抓好东宇智能制造科创中心转型升级，计划启动金峰科技产业园和科盈工业坊更新改造项目，启动高新区（东南街道）苏锋人才公寓建设。三是有效提升人居环境。启动“千村美居”工程，计划在苏锋新村、金仓花园及小康村各打造一个千村美居亮点，惠及农户500户，大力改善集中居住区人居环境。持续开展“人人参与，净美家园”专项行动，深入开展“美丽庭院”等活动，通过“星级文明户”创建、人居环境红黑榜等措施，进一步落实长效管理机制。继续做好昆承湖生态修复工程，实施生态循环养殖，有效降低氮磷含量，提升湖体水质。四是持续推进垃圾分类。落实小区“三定一督”垃圾分类长效管理机制，完善物业垃圾分类奖惩措施，积极开展“星级”小区评定工作，巩固农村、公共机构生活垃圾分类成效，提高分类质量；推进工业企业、建设工地等垃圾分类收运体系建设，加大专项执法行动的力度与强度，保障生活垃圾分类收集、运输和处置规范运行；创新应用互联网收运，加快推进管理“信息化”。

二、深化城市治理高质量精准精细

进一步加强和创新社会治理，牢固树立安全发展理念，切实抓好城市治理工作。一是严格安全生产监管。进一步提高思想认识，坚决落实安全生产“党政同责、一岗双责、齐抓共管、失职追责”的要求，根据“三年大灶”统一部署，深化“1+23”行业领域专项整治成果，持续推进危化品使用单位安全专项治理工作，做好安全生产督导反馈问题整改。狠抓企业安全生产主体责任落实，着力深化重点行业领域安全专项整治和隐患排查治理，有效提升安全生产科技支撑保障水平。持续开展标准化创建和双重预防机制建设，强化事前处罚和联合执法，巩固村级工业坊安全生产综合整治工作成效。结合老旧工业区改造、散乱污整治等专项行动，重点整治一批事故隐患严重、不具备安全生产条件的企业，全力消除安全隐患。深化“331”专项整治成果，充分发挥“安居超市”平台管理作用，扎实推动“三合一”、出租房（群租房）常态、长效管理。重点实施商品房住宅小区电动车集中停放点和充电桩建设，突出抓好高层建筑内直播电商、淘宝等行业的专项整治，强化落实“九小场所”、建筑工地等隐患整治及长效管理。二是织密社会治理网络。以排查和处置安全风险隐患为重点，以调处和化解社会矛盾纠纷为路径，以提供社会公共服务为支撑，加强基层网格的信息支撑与处置协作，不断强化上下联动体系，细化单元网格职能，规范工单闭环流程，提升问题发现处置能力，全面提高网格管理的专业化水平，实现网格化治理精准有效。重点部位计划新增监控30个，技防入户200个，违停抓拍15套，垃圾分类监控20个，新建一条技防街区。同时推进社会治理现代化试点工作，计划启动小康村智慧小区项目。充分调动多元社会力量参与网格化管理体系建设，加快形成共建共治共享的基层社会治理新格局。紧扣长效常治目标，推动扫黑除恶工作常态化制度化，切实提高社会治安整体水平。三是严把执法细节关口。紧紧围绕“事前防范与事后查处相结合”的方针，不断完善“双随机”执法检查机制，严厉打击各类违法违规行为，全面提高综合执法威慑力。完善日常监管与案件查处、网格巡查与行政执法、案卷制作与法治审核等之间的衔接和流转，有效凝聚执法合力。全面提升执法规范化水平，完善信息采集、案件受理和派遣机制，不断规范运转流程，增强执法的专业性和严谨性。

三、保障民生福祉高质量稳步增进

牢固树立执政为民、倾心民生的高度

自觉和强烈责任，顺应群众过上更好生活新期待。一是力抓疫情防控常态。充分考虑新冠肺炎疫情存在的不确定性，坚持“外防输入、内防反弹”的防控策略，完善重大疫情防控体制机制，提升疫情监测预警能力。持续做好学校、商场等重点单位和重点人群管控。在街道设置9个应急核酸采样点及1个集中隔离点，建立应急防控小组，做好应急措施。继续通过微信宣传、现场走访检查等多种渠道，加大疫情防控宣传和指导力度。加强农贸市场、超市进口冷链食品的管理等，全力确保各项防控措施落实到位。二是力争教育事业提档。协助国际学校完成“智慧校园”创建，做好金麟幼儿园（普惠性）建设工作。完成启文学校建设收尾和设备采购等工作，确保9月正式投入使用。继续加大教育经费投入力度，支持学校办学创新，规范教师队伍管理，加强校园文化建设。常态化开展春、秋季校园安全检查工作，进一步巩固校外培训机构治理成效，努力办人民满意的教育。三是力保民生保障兜底。积极探索基本医疗保险制度、大病补充医疗保险制度和医疗救助制度有效衔接路径，继续做好全民参保扩面工作。东南街道社区卫生服务中心联合市中医院优质资源，提升医疗服务能力，开设24小时不间断门诊和住院服务，为群众就近就医提供便利。四是力促公共服务提优。不断优化街道便民服务中心功能，为群众办事提供便利。有效提升社区服务功能，启动小康村（社区）配套用房建设，计划新设立一个社区。持续推进社区服务社会化，深入开展“睦邻空间”服务项目。继续推进养老服务设施建设，新建东渔村日间照料中心，探索社会化运营模式。加强精神文明宣传阵地建设，推进小康村新时代文明实践站提升工程。

四、确保政府建设高质量推深做实

我们要笃志锤炼“深、严、细、实、快、勤、俭、廉”的工作作风，对标一流、创新实干、争先进位，努力提升政府治理体系和治理能力现代化水平，加快建设人民满意的政府。一是坚持执政为民。始终把人民群众对美好生活的向往，作为政府工作的奋斗目标，牢固树立以人民为中心的发展思想，关心群众冷暖，回应群众关切，认真解决反映强烈的突出问题，持续增进人民群众获得感、幸福感、安全感。二是坚持依法行政。弘扬法治精神，建设法治政府，营造更加公正、更加有序的法治环境。坚持依法用权，自觉尊法学法守法用法，严格按照法定程序科学决策、行使职权。坚持规范用权，动态调整行政权力清单，实现职责精细化管理。坚持阳光用权，深化政务公开，改善政务服务。三是坚持高效执政。坚持立说立行、善作善成，不断提升政府工作的效率和水平。勇于担当、真抓实干，坚决按照市委、市政府和高新区、东南街道党工委的决策部署，紧扣高质量发展考核体系，发挥考评机制的导向、激励和约束作用，以时不我待、只争朝夕的劲头抓好任务落实。四是坚持廉洁从政。坚定不移推动全面从严治党向纵深发展，持之以恒正风肃纪。严守党规党纪，把铁的纪律内化为广大党员干部的日常习惯和行动自觉。不断改进工作作风，坚决贯彻中央八项规定及实施细则精神和省委、市委各项规定，严防“四风”问题反弹回潮。继续压减一般性财政预算支出和“三公”经费，用政府的紧日子换来老百姓的好日子。重点加大对公共资金使用、公共资源交易等领域的监管力度，严防权力滥用和设租寻租，以清廉的政治生态护航东南街道高质量发展。

各位代表，百舸争流，奋楫者先；千帆竞发，勇进者胜。让我们更加紧密地团结在以习近平同志为核心的党中央周围，在市委、市政府和高新区的坚强领导下，以“起步就是冲刺，开局就是决战”的昂扬姿态，奋力拼搏“十四五”，开启东南街道高质量发展的美丽新征程！以优异的成绩庆祝建党100周年！

（高新区党政办　东南街道综合办）